服部幸應の知っておいしいだし事典

監修　服部栄養専門学校

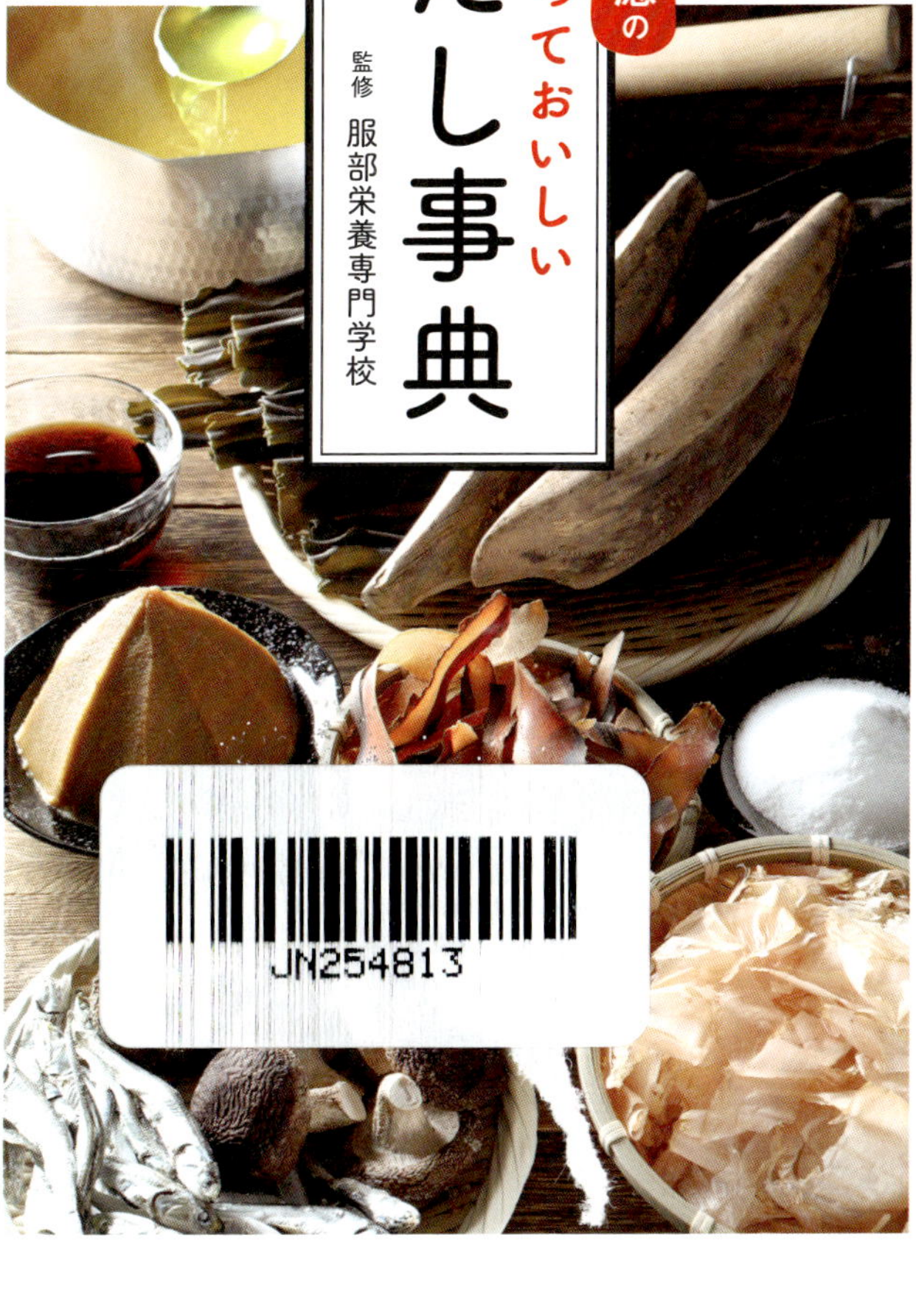

実業之日本社

はじめに

朝、台所からトントンという包丁の音が聞こえ、しばらくすると、だしのよい香りが漂ってくる。こんな風景は、ひと昔前のことになりつつあります。時代とともに、粉末や液体の手軽なだしが数多く発売されています。いま、かつお節を削ってだしをとる人はどのくらいいるでしょうか。

確かに、簡単で失敗なく使える即席のだしは便利なものです。とはいえ、毎日とはいかなくとも、週末などゆっくりできる日を選んで、今日の料理に合うだしは何かを考え、じっくりとだしをとるのも豊かな時間の使い方だと思いませんか。

本書では、日本料理の基本となる、かつお節だし、昆布だし、干しシイタケだし、煮干しだしのとり方や、だしを使った料理を紹介しています。また、だしの素材の種類や選び方、保存方法など基本的な知識も紹介しています。

さらに、日本料理に限らず、西洋料理、中国料理にも「だし」にあたるものがあります。

フランス料理では「フォン」、中国料理では「湯《タン》」といいます。これらのだしのとり方や、
それを使った料理も専門の先生がたに教えてもらいました。

「フォン」や「湯」をとるなんて難しくないの?と思うかもしれませんが、だしの基本は日本料理と同じです。おいしいだしがとれる素材の組み合わせや、ちょっとしたコツを覚えるだけで、きっと毎日の食卓がもっと豊かに、楽しいものになるに違いありません。

私たちは、世界に誇る日本料理という文化をもっています。

それを支える奥深い「だし」の世界、ぜひ味わってください。

もくじ

序章 だしの基本

part 1 日本料理のだしと料理

だしのとり方

料理

part 2
西洋料理のだしと料理

part 3
中華料理のだしと料理

part 4
だしの素材

昆布

もくじ

服部栄養専門学校

本書の料理と「だし」を教えてくれた先生がた

日本料理

平塚未来先生

「一番だし」のかつお節は、あくをとったら長時間おかずにすぐこす、「干しシイタケ」を急いで戻したい時は、ひとつまみの砂糖を入れたぬるま湯に浸すなど、ちょっとしたコツで上手にだしがとれるようになります。

西洋料理

佐藤月彦先生

西洋料理の「だし」は新鮮な素材を使うことが大切です。肉料理には肉からとっただしを、魚料理には魚からとっただしを加えると、よりいっそう素材の風味が強調されて、料理の味がぐっとアップします。

中国料理

白木悦樹先生

中国料理の基本の「だし」は、鶏ガラスープです。難しいと感じるかもしれませんが、濁りやあくを抑える下処理さえきちんと行えば、簡単に作れます。前菜からメイン料理まで幅広く使える万能スープ。ぜひ試してみて下さい。

学校法人服部学園 服部栄養専門学校　http://www.hattori.ac.jp/

本書の決まりごと

◎１Ｃは200㎖、大さじは15㎖、小さじは５㎖です。
◎適量はちょうどよい量で、少々は親指、人さし指の２本でつまむ量、液体ならば１〜２滴分です。
◎レシピの分量と写真で掲載している料理の量は異なる場合があります。

調理法など覚えておきたい用語を解説します

地 浸し地、揚げ出し地など、それぞれの用途に合わせて味付けした汁です。

ひと沸し 汁を一度沸騰させることです。

下ゆで 煮えにくい材料、ぬめりのある材料などを、あらかじめ、ゆでることです。

塩ゆで 野菜を色よくゆがくときなどに、塩を少々入れてゆでることです。

コトコト煮る 沸騰させずに、弱火で煮ることです。

煮含める 材料をたっぷりの煮汁でゆっくり煮て、味をつける方法です。

落しぶた 使用する鍋やボウルのひとまわりか、ふたまわり小さいふたのことです。

張る 器に液体を満たすことです。鍋にだしを張る、椀につゆを張るなど。

（醤油、酒で）洗う 材料が水っぽくならないように、調味料であえる前に、醤油や酒をふりかけることです。

水溶き片栗粉 片栗粉１に対して、同量〜 2倍の水で溶かしたものです。

ショウガ汁 おろしショウガのしぼり汁のことです。

繊維を断つように切る 材料を繊維に沿わずに、直角に切ることです。

スが入る 茶碗蒸しや豆腐料理で加熱しすぎて、表面や内部に穴ができてしまうことです。

素揚げ 小麦粉などの衣を付けずに、野菜などをそのまま揚げることです。

揚げ油の温度目安 油の中に菜箸を入れ、箸全体から小さな泡が出れば170℃ぐらいです。

香味野菜 セロリ、タマネギ、ネギ、ショウガなど香りの高い野菜をさします。

小麦粉・バターの一体化 小麦粉とバターが混ざり、しっとりなめらかになる状態のことです。

PROLOGUE

序章

だしの基本

料理の味つけで重要なのは、塩の使い方と、
いかに「うまみ」を引き出すか、
つまり「だし」の使い方です。
そのためには、だしの基本をおさえましょう。

「塩梅《あんばい》」と「だし」と「火加減」

料理には、「おいしくするための方程式」があります。

第一に大事なのが、塩梅です。「シオ・ウメ」と書きますが、味噌や醤油がなかった時代の味つけの基本は塩でした。塩を使うと浸透圧で水分が出て、塩味が料理にしみこむと同時に、素材がもっているもともとの「うまみ」が凝縮されて、おいしくまとまった味になるのです。

梅干しは、梅を塩で漬けたものですが、梅干しには塩分とさらに「酸味」があります。これを味つけに使うと、塩気と酸っぱさが加わって大変便利な調味料になります（※1）。

では、どれくらいの塩分を味つけに使えばよいのでしょうか？

私たちの血液は、約0・85％の塩分をもっています。人はこれより塩分の数値が低いと淡口に感じ、高いと濃口に感じます。塩分が濃すぎても薄すぎても、おいしく感じないのです。人間の血中濃度に近いことがおいしいと感じる数値だと考えられています。

塩分とだしでおいしさを引き出す

しかし、「おいしくするため」には、塩分だけではダメなのです。そこで登場するのが「だし」です。うまいだしを使うと、塩分が少なくても「おいしい」と感じます。だしによって、コクや味に奥ゆきが生まれるからです。

関西風といわれる薄味は、塩分濃度が約0・6〜0・7％、濃いめの味つけといわれる関東風は約1・0〜1・1％です。これがだしを使ったら、約0・5〜0・8％に抑えてもおいしく感じられます。

なので、塩分とだしをどのように組み合わせるかを知っていると、料理はおいしくなります。それを生かすも殺すも「火加減」しだいなのです。つまり「塩梅」、「だし」、「火加減」が料理の原点と言えるのです（※2）。

※1　梅干しを使った調味料に「煎《い》り酒《ざけ》」があります。日本酒に梅干しと削り節を入れて煮詰めたもので、中世〜江戸時代にかけて、食卓になくてはならない調味料でした。

※2　調理に合わせて火力を調整することを火加減といいます。煮物の場合、煮汁が沸騰するまでは強火ですが、沸騰したら中火〜弱火に火加減を弱めます。また、何人分の料理を作るかによっても火加減は変わります。

「煮だし汁」が転じて「だし」に

だしといえば、かつお節だしと昆布だしが一般的ですが、そのほかにも干しシイタケだし、煮干しだしなどがあります。アナゴやエビ、貝類でとるだしもありますし、タマネギ、長ネギなどの香味野菜、カンピョウ、油揚げなど、日本の食材には「だしの素」となるものがたくさんあります。

そもそも「だし」の語源は、何でしょうか？

正解は「煮だし汁」という意味です。煮だし汁が、省略されて「だし」になりました。つまり、素材を煮詰めていって、そのうまみを抽出するとだしになるわけです。

うまみについては、6章（P132〜）で詳しくふれますが、かつお節や煮干しなどの魚、肉類のうまみ成分は「イノシン酸」、昆布や海苔、タマネギ、チーズは「グルタミン酸」、干しシイタケは「グアニル酸」、貝類は「コハク酸」というように、それぞれのうまみの主成分には違いがあります。これらがうまみの個性をかもしだしているわけです。

また、イノシン酸、グルタミン酸、グアニル酸の3つの「うまみのトライアングル」を組み合わせることで、相乗効果でうまみが強くなることがわかっています。

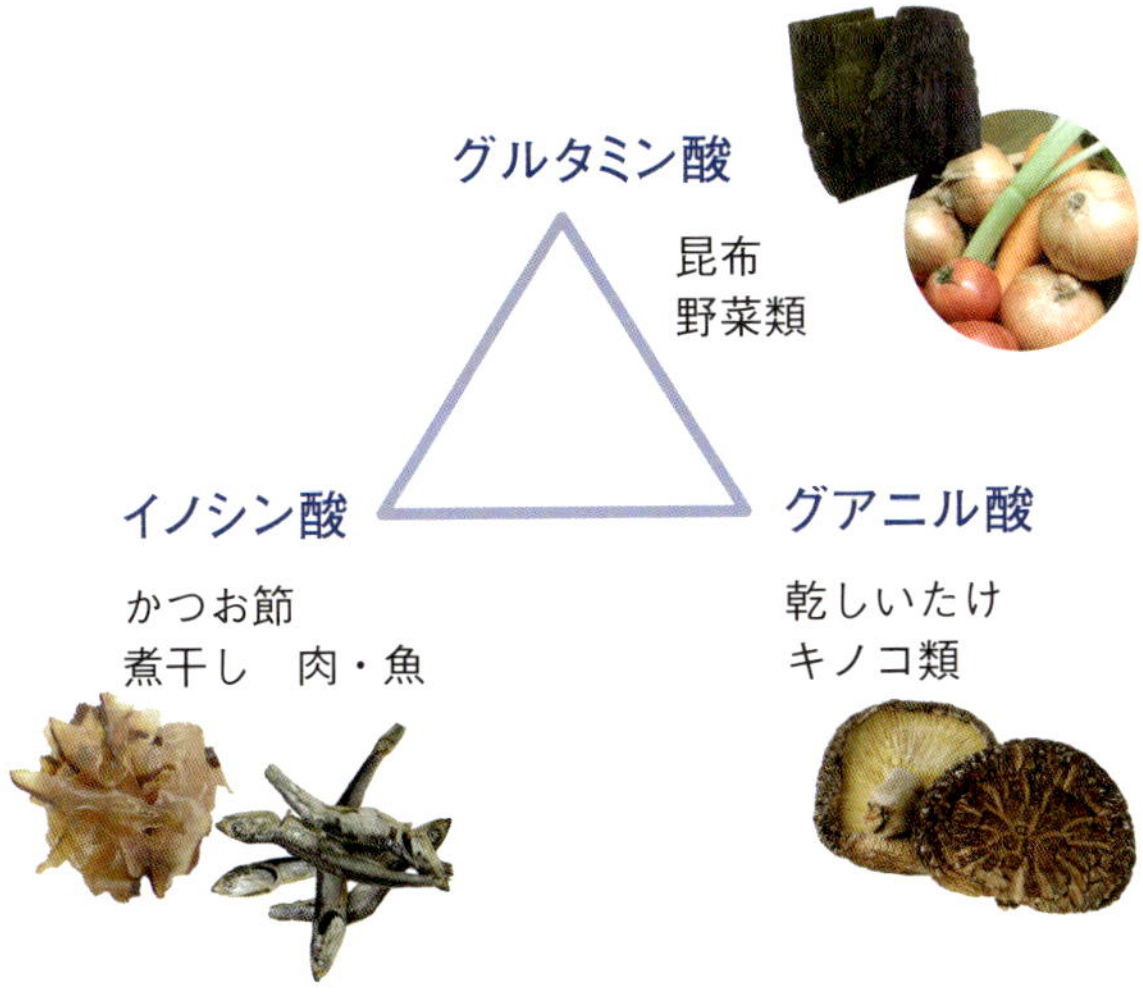
グルタミン酸
昆布
野菜類
イノシン酸
かつお節
煮干し　肉・魚
グアニル酸
乾しいたけ
キノコ類

アジアに広がる「うまみ」調味料

味つけの基本は「さ・し・す・せ・そ」。「さ」は砂糖、「し」は塩、「す」は酢、「せ」は醤油、「そ」は味噌です。

このうち、醤油、味噌は塩蔵発酵食品でして、これを総称して「醤（ひしお）」と呼びます。醤は、日本では奈良時代のころからつくられ、塩と同様に重用されてきた調味料でした。大豆を原料につくられるため、穀類の醤という意味で「穀醤（こくびしお）」と呼ばれます。

これに対して、魚や肉を醤の原料に使ったものを「魚醤（うおびしお）」、「肉醤（ししびしお）」といいます。大豆も魚も、肉も、原料を塩づけにして出てくる液体は、うまみ成分のアミノ酸が溶けこんでいるので、それだけで塩を含んだうまみ調味料として料理の味つけに重宝がられてきました（※1）。

郷土料理や東南アジアに息づく魚醤

現代の日本では、穀醤が主流ですが、魚醤もまったくなくなったわけではありません。

例えば秋田の「しょっつる」は、ハタハタを塩漬けにした魚醤です。ほかにも香川県の「イカナゴ醤油」、石川県のイカを使った「いしり」などがあります。

一方、東南アジアでは、ベトナムのニョクナムやタイのナンプラーなど、魚醤は積極的に使われています。中国で使うオイスターソースも、カキを塩漬けして発酵させたうまみ調味料です。

ほかにも、ローマ時代のうまみ調味料「ガルム」（※2）や、韓国のキムチも野菜と魚介類を使った漬物なので、うまみを利用した塩蔵発酵食品といえます。

このように、だしと同様に、アジアではヨーロッパと比べて特に「うまみ」を利用した調味料や食品が数多くあります。

※1 穀醤、魚醤、肉醤のほかにも、果物や野菜、海草などを材料とした「草醤（くさびしお）」がありました。これは、漬け物の原型だと言われています。ちなみに魚醤は、塩辛に発展しました。

※2 ガルムは、古代ローマにあった魚の塩漬けの汁を発酵させた調味料です。醤油の仲間と考えられていますが、その後、ヨーロッパでは姿を消してしまいました。

5 世界のだしを知り、使いわける

章（P120〜）で詳しく触れますが、西洋料理のだしには、「フォン」と「ブイヨン」があります（※1）。

使う材料によって「フォン・ド・ヴォー（仔牛のだし）」や「フォン・ド・ヴォライユ（鶏のだし）」、「フォン・ド・キャナール（鴨のだし）」など、それぞれ呼び名があります。

魚のだしは「フィメ・ド・ポワソン」。フィメ・ド・ポワソンは、現在と昔と作り方が違ってきました。昔はアラまで入れて煮だしたものを、何日もストックしておいて使いましたが、現在は、それぞれに料理するたびに魚の一部に火を入れながら、そこから出た煮汁からソースを煮たてていくやり方が主流となっています。生臭さを減少させる洗練された技です。

また、中国料理のだしは「湯《タン》」です（P128〜）。中国料理では、「湯」は単なる水を温めたものではなく、だし、スープのことをさします。

日本のだしとの違い

フランス料理のだしも、中国料理のだしも、日本のだしに比べて時間をかけてとるのが特徴です。

大量の材料を使って膨大な時間をかけて煮出していく、フランス料理や中国料理のだしは、日本料理のだしと違って保存性も異なります。日本のだしはとってから1時間もすれば味が劣化してしまいますが、長時間かけてとるフォンやブイヨンはしっかりと保存すれば2週間は持ちます。時間をかけてとった湯も、日本のだしに比べると長持ちします。ただし、ハムや干し貝柱、干しエビなどの加工品を使ったものは、その限りではありません。

国ごとにだしの材料やとり方を比較してみると、その国の料理の歴史が浮かびあがってきます。それぞれの特性を理解しながら、だしを使いわけると料理は一層楽しくなるでしょう。

※1 フォンはソースのベースですが、ソースの語源は「塩」です。ラテン語の「サラリュウム」がもとになっています。ローマ時代の兵士は塩を給与としてもらっていたのですが、それがお金に替わっていったことから、給与は「サラリー」、給与所得者は「サラリーマン」と呼ばれているのです。

主役をひきたてる〝だし役〟に

日本料理のだしは、おもに、かつお節、昆布、乾しシイタケ、煮干しなどからとります。だしの濃さはさまざまな考え方があると思いますが、濃ければよいというわけではありません。濃すぎると臭み、酸っぱさ、苦みが強くなりすぎて料理の風味を損ねてしまうものです。

　何のために、そのだしを使うのか。お澄まし、みそ汁、そばつゆ、煮物など、それぞれの料理をひきたてる役目が「だし」です。つまり、ひきたてる主役の食材は何なのか、それを決めるのがだしの大きな使い方です。

だしにも加減が必要

　例えば、淡白な味わいのハモの煮物の場合、ハモのクセをとりながらも、ハモの邪魔をしない薄味の「だし加減」が必要です。だしがものすごくおいしかったら、主役のハモの味が目立たなくなってしまいます。

　こうしたことから、だしは主張しすぎず、うまみを出すというのが一番よいのです。

　これはフランス料理にも言えることです。フランス料理のソースは、それだけでとてもおいしいです。しかし、やっぱりメインになっている食材をひきたてる役割を果たすので「だし役」です。

　もちろん主役を張れる力がありながら、主役を張ってはいけない――あくまで「引き立て役」なのです。まさに、主役ではないけれど、そこにいるだけでじんわりとよい味を出している役者のようです。つまり脇役ではなく、〝だし役〟なのです。

part 1

日本料理のだしと料理

日本料理のベースとなる「一番だし」に加えて、「二番だし」「昆布だし」「干しシイタケだし」「煮干しだし」の5種類のだし。これらの正しいとり方を覚えれば、料理の味はぐんとよくなります。

一番だし（昆布・かつお節）

濁りのない上品な琥珀色で、味が深く、高い香りが特徴です。
昆布を水から煮出し、沸騰直前にとり出します。そこにかつお節を加えあくをとり、火を止めます。雑味がでないように、かつお節にはふれずに底に沈むのを待ち、こします。これが一番だしです。火にかけるのもこすのも手早く行い、素材の瞬間のうまみを引き出します。
活躍の場が多く、特に吸い物など透明度の高い料理や、薄味で素材の味を生かしたい料理に向いています。

かつお節と昆布のうまみ成分の相乗効果で引き出される上品なだし

これで料理がワンランク上の味に！！

●水に対する重量比
昆布 1～1.5％
かつお節 3％

血合い抜きのかつお節で、雑味やあくが少ない仕上りに。

材料
①真昆布…10～15ｇ
②かつお節（血合い抜き）…30ｇ
水…1ℓ

ここを押さえて！
とり方“How to”

1 汚れを拭きとった昆布と水を鍋に入れ、弱火で 10 分ほど煮出す。（火にかける前に、夏は 2 時間、冬は 3 時間ほどおいた方がさらにうまみがでる）

2 沸騰直前に昆布を引き、昆布にツメを立て、うまみが出たサイン「痕」が残れば、昆布を引き上げる。

3 鍋を沸騰させ火を弱めて、かつお節を一度に入れすぐに火を止め、かつお節が沈むのを待ち、あくをとる。

Hint！
・火が強いとかつお節が踊ってしまい濁るので、弱火にします。

4 味をみて、うまみが充分に出たかを確かめ、しぼらずに静かにこす。自然にだしが落ちるのを待つ。

平塚未来先生

日本料理のだしはおまかせ

だしの決め手

生臭さやエグ味が出てしまうので、あくをとったら長時間置かず、すぐにこしましょう。

二番だし（昆布・かつお節）

ゆっくりとうまみを煮出し
追い鰹で風味を補う活用度の高いだし

黄　金色でうまみが強いのが特徴です。

一番だしをとったあとの材料を使います。一番だしでとりきれなかったうまみを抽出したのが二番だしで、風味を出すために途中で新しいかつお節を足します。これを「追い鰹」といいます。昆布とかつお節を水からゆっくり煮出し、最後はしぼるようにこします。色とうまみをしっかりと引き出したら完成です。

しっかりと味を付ける煮物や味噌汁に向いています。

経済的で使い勝手良し！

追い鰹のかつお節は血合い入りでよい。血合い入りのかつお節はうまみが出ます。

材料

①昆布（一番だしをとったあと）
②かつお節（一番だしをとったあと）
③追い鰹…15ｇ～適量
水…１ℓ

ここを押さえて！

とり方“How to”

1 水、一番だしで使った昆布とかつお節を鍋に入れ、強火にかける。

Hint!
- 雑味が残るのであくはていねいにとります。

2 沸騰したら弱火にし、20分ほどコトコト煮詰めたら追い鰹をして火を止め、あくをとる。

Hint!
- 濁りがでないよう静かにこします。

3 味をみて、うまみが充分に出たかを確かめ、静かにこす。最後は軽くしぼる。

平塚先生

日本料理のだしはおまかせ

だしの決め手

追い鰹をして、風味を補います。最後に軽くしぼるのは、一番だしで使った材料からうまみを出すためです。

昆布だし

上品でくせがなく、隠し味的な使い方もできるだしです。

昆布からぬめりが出てしまうので、沸騰させないように火加減に気を配りながら、水からゆっくり煮立てます。加熱せずに、水に浸けてとる方法もあります。

完成しただしは強く主張をせず、料理の素材そのものの味やうまみ、香りを引き立てるので、使い勝手がよいです。ハマグリのお吸い物や、薄味の炊き込みご飯などに最適です。

素材の持ち味をゆっくり引き出せば
手間いらずの万能だしに

忙しい朝でもこれならお手軽に！

●水に対する重量比
昆布 1～1.5％

材料
①真昆布…10～15ｇ
水…1ℓ

とった後の昆布は二番だしに使ってもＯＫ。

ここを押さえて！
とり方“How to”

Hint!
・じっくりうまみを引き出すため、水から煮出します。

1 昆布は汚れを拭き取り、水とともに鍋に入れて弱火で10分ほど煮出す。(火にかける前に、夏は2時間、冬は3時間ほどおいた方がさらにうまみがでる)

Hint!
・えぐ味が出るので、昆布を入れたら煮立たせないようにします。

2 沸騰直前に昆布を引き、昆布にツメを立て、うまみが出たサイン「痕」が残れば、昆布を引き上げる。

平塚先生

日本料理のだしはおまかせ

だしの決め手

火を使わずに、水と昆布をポットに入れ2時間ほどおいてうまみを出す方法もあります。長時間おくとぬめりが出るので、味を確かめ昆布を引き上げます。

干しシイタケだし

干しシイタケの独特の風味と香りを楽しむことができるだしです。

水に浸けた干しシイタケを冷蔵庫に一晩おき、こします。戻したシイタケを煮含める時にも使いますが、一般的には単独ではなくかつお節や昆布のだしと合わせて使います。相乗効果でうまみも抜群で、一番だしとはまた違う、複雑な味を得られます。味をしっかりつけたい五目炊き込みご飯などに向いています。

精進料理にも利用されます。

**うまみも香りも増した干しシイタケは
戻し汁も身もダブルで味わえる**

●水に対する重量比
干しシイタケ 5%

シイタケはふっくら、
だしはまろやかに！

カラダが喜ぶ栄養素が
たっぷりのだしです。

材料
①干しシイタケ…50g
水…1ℓ

ここを押さえて！
とり方“How to”

1 干しシイタケは水（分量外）につけ、落しぶたをして10分ほどおく。

2 干しシイタケについたカスなどをていねいにとり除く。

Hint!
・さわってみてシイタケがやわらかくなったらOK。

3 ボウルに2の干しシイタケを入れ、水を加え、落しぶたをして冷蔵庫で1日おき、こして仕上げる。

Hint!
・ゆっくり戻すと味に深みが出ます。

平塚先生

日本料理のだしはおまかせ

だしの決め手
急ぎの時は、ひとつまみの砂糖を入れたぬるま湯に浸すと早く戻ります

煮干しだし

原

魚をいったん煮てから乾燥させた煮干でとっただしは、魚そのものの味の強さが全面に出ています。魚の個性がストレートに味わえます。

煮干しの頭とはらわたをとり除き、一晩水出しして、うまみをしっかり引き出します。弱火でゆっくりと煮出し、生臭さが残らないように、ていねいにあくを取り除いて仕上げます。

味噌や醤油との相性がよく、味噌汁や煮物などに向いています。

このだしを使えば、味噌汁の本当のおいしさに気付くはず

煮干しを水に入れ、待つだけの簡単だし

●水に対する重量比

煮干し 8%

材料

①煮干し…80g（下処理済み）
水…1ℓ

イワシが一般的ですが、アジやタイの煮干しを使ってもだしがとれます。

ここを押さえて！

とり方“How to”

Hint!

- 煮干しは下処理をすることで苦味や生臭さが抑えられ、きれいで澄んだだしができ上がります。

1 煮干しは頭をとり、身を二つに裂いて黒いはらわた、中骨をとり除く。

Hint!

- 一晩おくとしっかり味が引き出せます。時間がない時は 30 分位おいてから煮出して下さい。

2 1を包丁で細かく刻み、鍋に水とともに入れ、一晩おく。

Hint!

- キッチンペーパーを使うと便利です。

3 2を弱火で煮出し、ていねいにあくをとり、15 分ほど煮出したらこす。

平塚先生

日本料理のだしはおまかせ

だしの決め手

包丁で細かく刻むことで煮干しのうまみが出やすくなります

がんもどき含ませ煮

口の中で、煮汁がジュワーッと
しみ出します

○材料（四人分）

- がんもどき…8個
- 春菊…1束
- ニンジン…1／2本
- ユズの皮…適量
- A
  - だし…600㎖
  - みりん…40㎖
  - 薄口醤油…40㎖
- 追い鰹…適量
- 塩…適量

○作り方

❶ がんもどきは熱湯にくぐらせ油抜きをする。春菊は葉を塩ゆでし、冷水にとり水気をしぼる。ニンジンは乱切りにし、ゆでる。

❷ 鍋にAを入れ沸かし、がんもどきとニンジンを入れ、追い鰹をし、5～10分ほどコトコト煮る。

❸ ②に春菊を入れサッと煮たら火を止め、器に盛り付け、ユズの皮の千切りを飾る。

平塚先生のだしポイント

野菜は下ゆでをしておくと、早くだしがしみ込みます。

炊合せ

たっぷりの薄味の煮汁で、
食べ飽きない上品な味に

○材料（四人分）

カボチャ…1／4個
サトイモ…8個
エビ…4尾
インゲン…4本
木の芽…8枚
米のとぎ汁…適量
塩…少々
含ませ煮汁
A
- だし…600㎖
- みりん…40㎖
- 薄口醤油…40㎖

追い鰹…適量

○作り方

❶ サトイモは皮をむき、米のとぎ汁でやわらかくなるまでゆで、水にさらし、洗ってぬめりをとる。カボチャは皮をむき、竹串が入るか入らないか程度にゆでる。インゲンは塩ゆでし、冷水にとる。エビは背ワタをとり、水洗いする。

❷ 沸かしたAで、サトイモ、カボチャ、エビを別々に煮て、追い鰹をし、5～10分ほどコトコト煮る。

❸ 材料がしみ込んだら、少量の煮汁をとり、インゲンをサッと通す。

❹ ②③を器に盛り付け、木の芽を飾る。

平塚先生のだしポイント

味がしみ込まなくなるので、サトイモはだしでやわらかくなるまで煮た後に調味料を加えます。

里芋の田舎煮

里芋をしっかり味わえる
シンプルな煮物

○材料（四人分）

- だし…400㎖
- サトイモ…小20個
- ユズの皮…適量
- 砂糖…大さじ3
- 濃口醤油…大さじ2
- みりん…小さじ1／4
- 塩　少々

○作り方

1. サトイモは皮をむき、塩でもんでぬめりをとる。
2. 鍋にだしと①を入れ、強火にかけ、あくをとりながら煮る。
3. やわらかくなってきたら、弱火にし、砂糖を加え、3、4分経ったら醤油を2／3量入れる。
4. 煮汁が少しになったら残りの醤油とみりんを入れ煮上げ、器に盛り付け、おろしたユズの皮を散らす。

だしをたっぷり使った
日本のおかず
よく冷やして味が
しみ込んだ頃が格別
平塚先生の
だしポイント
冷ました浸し地に、サッと揚げた野菜を浸けると、色鮮やかになります。

夏野菜揚げ浸し

○材料（四人分）

ナス…1本
ズッキーニ…1本
パプリカ（赤・黄）…各1／2個
レンコン…中1節
シシトウ…8本
ミョウガ…4本
ヤングコーン…8本
サラダ油…適量
揚げ浸し地
A
- だし…360ml
- 濃口醤油…60ml
- みりん…60ml

○作り方

❶ Aを、ひと沸かしさせ、冷ましておく。

❷ ナス、ズッキーニは輪切りに、パプリカ、レンコンは乱切りに、ミョウガは縦半分に、ヤングコーンは横半分に切る。シシトウは穴をあけておく。

❸ サラダ油を170℃に熱し、水気を拭いた②の野菜を素揚げし、①に浸け、よく冷やしたものを盛り付ける。

小松菜としらすの浸し

○材料（四人分）
コマツナ…1／2束
シラス…適量
塩…少々
浸し地
A
だし…300㎖
みりん…20㎖
薄口醤油…20㎖

○作り方
❶ Aを鍋でひと沸かしさせ、冷ましておく。
❷ コマツナは塩ゆでし、冷水にとり水気をしぼる。
❸ ①の半量に②を浸け、10分したら汁気をしぼる。
❹ 残りの汁に③をしばらく浸け、シラスを混ぜて、器に盛る。

揚出汁豆腐

豆腐の衣と絡み合った
甘辛い煮汁

○作り方
❶ 豆腐をキッチンペーパーでくるみ、600Wのレンジで2分ほど加熱し、水気をとり4等分に切る。
❷ ニンジンは千切り、長ネギは白髪ネギに、生シイタケは薄く切り、ナメコは水洗いしておく。ダイコンはおろす。
❸ サラダ油を170℃に加熱し、①に片栗粉をまぶして揚げ、器に盛る。
❹ Aを鍋で沸かし、野菜を入れ、火が通ったらダイコンおろしを加え火を止め、③にかけ、おろしショウガ、ネギをそえる。

○材料（四人分）
木綿豆腐…2丁
ニンジン…1／4本
長ネギ…1／2本
カイワレ…1／6パック
生シイタケ…2個
ナメコ…1／4パック
ダイコン…1／3本
おろしショウガ…適量
片栗粉…適量
サラダ油…適量
A
だし…400㎖
みりん…40㎖
濃口醤油…40㎖

冬瓜と海老のあんかけ

うまみを吸い込んだトウガンの
ほっとする美味しさ

○材料（四人分）

トウガン…小1／4個
エビ…12尾
エダマメ…50g
おろしショウガ…適量
塩…適量
そぼろ煮汁地
A
- だし…500㎖
- みりん…50㎖
- 薄口醤油…50㎖

追い鰹…適量
水溶き片栗粉…適量

○作り方

❶ トウガンは5㎝角に切り、面取りをし、皮に切り込みを入れ、塩をすり込む。

❷ ①を塩ゆでし、竹串が通るぐらいになったら冷水にとる。エダマメも塩ゆでし、皮をむいておく。エビは背ワタをとり、粗めにたたいておく。

❸ 鍋にAを入れ沸かし、トウガンを入れ、追い鰹をしてコトコトしばらく煮る。

❹ ③からあんかけ用の煮汁をお玉4杯分ほど取り沸かし、エビを入れ、火が通ったら、水溶き片栗粉でとろみをつけ、ショウガ汁をたらす。

❺ 器に③のトウガンを盛り、④をかけ、エダマメを散らす。

親子丼

○材料（四人分）

鶏もも肉…1・5枚
長ネギ…1本
糸ミツバ…1/2束
卵…4個
A
だし…400㎖
みりん…40㎖
砂糖…大さじ1・5
薄口醤油…80㎖
粉山椒…大さじ1・5
ご飯…適量

○作り方

❶ 長ネギは斜めに、糸ミツバは1・5㎝に切る。鶏もも肉は、ひと口大に切り、湯にくぐらせる。

❷ 鍋にAを沸かし、鶏もも肉を入れ、ふたをして中火で火を通す。

❸ 火が通ったら長ネギを入れ弱火にし、よく溶いた卵を少しずつ入れ、強火にし、糸ミツバを加えてふたをし、半熟手前で火を止める。

❹ 茶碗にご飯をよそい、③を汁ごとかけ、上から粉山椒をふる。

だしと鶏肉を半熟の卵でふわっととじて

平塚先生のだしポイント

卵を入れたら強火にすることで、一気に火が入り、だしを閉じ込め、卵がふっくら仕上がります。

グリンピースご飯（豆ご飯）

○材料（四人分）

昆布だし…2合強量
グリンピース（さや付き）…400g
釜揚げサクラエビ…適量
米…2合
塩…小さじ1弱

○作り方

❶ グリンピースをさやからむいておく。

❷ といだ米、グリンピース、昆布だし、塩を入れ炊飯器で炊く。

❸ 炊けたら混ぜて茶碗によそい、サクラエビを飾る。

応用編　サツマイモご飯
サツマイモは崩れるので一緒には炊かず、塩をふってレンジで蒸し、炊き上がったご飯と最後に合わせます。

平塚先生のだしポイント

だしの代わりに、ふいた昆布を入れて炊いてもOK。炊き上がったら昆布をとり出します。

青豆の香りが引き立つ
昆布だしで

五目御飯

具から出るうまみを
しっかり炊き込んで

○材料（四人分）

米…2合
鶏もも肉…1／3枚
コンニャク…1／4枚
干しシイタケ…2枚
（だしとりしたもの）
ニンジン…1／4本
ゴボウ…1／2本
グリンピース（莢付き）…150g
タケノコ水煮…小1／2本
煮汁
A
- だし…270㎖
- 干しシイタケだし…180㎖
- 濃口醤油　大さじ3
- 砂糖　大さじ1・5
- 酒　大さじ1・5

海苔　適量

○作り方

❶ 干しシイタケ、ニンジン、タケノコ、コンニャクは薄切りにし、コンニャクは湯でサッとゆでる。ゴボウは笹がきにする。

❷ グリンピースはさやからむき、塩ゆでし冷水につける。鶏もも肉はひと口大に切り、湯にくぐらせる。

❸ 鍋にAを入れ沸かし、グリンピース以外を加え5分ほど煮て、ザルに上げる。

❹ ③の煮汁400㎖と、といだ米を入れ炊飯器で炊く。（煮汁が足りない場合は、だしと少量の塩を足す）

❺ 炊き上がったら、具材をすべて入れて混ぜ、少し蒸らしたら茶碗に盛り付け、海苔を飾る。

もずく雑炊

ホタテ缶汁も加え、
うまみが倍に

○材料（四人分）

生モズク…100g
ホタテ缶…1缶
ご飯…400g
おろしショウガ…適量
針ショウガ…適量

（雑炊煮汁）
A
だし…570㎖
ホタテ缶汁…30㎖
薄口醤油…6㎖
塩…少々

（あん汁）
B
だし…180㎖
薄口醤油…30㎖
追い鰹…適量
塩…少々
水溶き片栗粉…適量

○作り方

❶ からまっているモズクを箸でほぐし、3㎝に切り、塩ゆでし、冷水にとる。ホタテはほぐしておく。

❷ Aを鍋で沸かし、水でよく洗ったご飯と、①を入れサッと煮て、ショウガ汁をたらす。

❸ Bを鍋で沸かし、追い鰹をしてこし、水溶き片栗粉でとろみをつける。

❹ ②を器に盛り、③をかけ、針ショウガを散らす。

平塚先生のだしポイント

追い鰹は、キッチンペーパーでくるんでから入れると、こさずに済みます。

彩り素麺

○材料（四人分）

そうめん…4束
干しシイタケ…2枚
（だしとりしたもの）
卵…2個
エビ…8尾
長ネギ…1本
大葉…5枚
鶏むね肉…1／2枚
ユズの皮…適量

（干しシイタケ煮汁）
A
干しシイタケだし…100㎖
濃口醤油…20㎖
砂糖…大さじ2

（鶏むね肉煮汁）
B
だし…175㎖
濃口醤油…25㎖
みりん…25㎖

（つゆ）
C
だし…350㎖
濃口醤油…50㎖
みりん…50㎖

○作り方

❶ 干しシイタケは薄く切り、Aで煮る。鶏むね肉は、Bに5分浸けたあと薄切りし、600Wのレンジで3分加熱し、冷ましてから手でさく。Cはひと沸かしさせ、冷ましておく。

❷ 薄焼き卵を作り千切りにしエビは塩ゆでする。長ネギは白髪ネギにし、千切りにした大葉と混ぜておく。

❸ そうめんをゆで、冷水にとりザルに上げ、具材とともに器に盛り付け、Cをそそぎ、おろしたユズの皮を散らす。

彩りも味わいもおもてなし感がある
夏の風物詩

だしをしっかり効かせた具で
見た目に楽しい汁麺

○材料（四人分）

そば…4束
伊達巻…1／2本
かまぼこ…1／2本
タケノコ水煮…1本
生シイタケ…4枚
キヌサヤ…8枚
長ネギ…1／4本
ユズの皮…適量
七味…好みで
（そばつゆ）
A
だし…700㎖
みりん…70㎖
濃口醤油…70㎖

○作り方

❶ 伊達巻、かまぼこ、タケノコはそれぞれ4等分に切る。シイタケは軸をとり、長ネギは、小口切りにし、キヌサヤは塩ゆでする。
❷ Aをお玉1杯分鍋にとり火にかけ、タケノコ、シイタケをサッと煮る。
❸ 残りのAをひと沸かしさせる。
❹ そばをゆで、冷水にとり洗ったあと、湯通しし、器に盛り、熱い③を張り、具材をのせ、ユズの皮を飾る。

平塚先生のだしポイント

あたたかいそばつゆは、だし、みりん、醤油の割合が、10：1：1と覚えておくと便利です。

おかめそば

蛤のお吸物

ハマグリのうまみを引き出した潮仕立て

○材料（四人分）

ハマグリ…小8個
ミツバ…1／6束
麩…適量
昆布だし…720㎖
酒…大さじ1
塩…小さじ1／2
薄口醤油…小さじ1／5

○作り方

❶ ハマグリは殻つきのままよく洗い、昆布だしとともに鍋に入れ、弱火にかける。

❷ ハマグリが開いたらとり出し、冷水で洗う。汁はこして、火にかけ、酒、塩を加え、ひと沸かししたら、薄口醤油を入れ火を止める。

❸ お椀にハマグリ、麩、2㎝ほどに切ったミツバを入れ、②の汁をそそぐ。

花海老のすまし汁

すっきり、華やかに仕立てた
夏の椀物

○材料（四人分）
殻つきエビ…4尾
そうめん…10g
キュウリ…1／4枚
ニンジン…1／5本
生シイタケ…1枚
長ネギ…1／4本
木の芽…4枚
A
一番だし…720㎖
薄口醤油…大さじ1弱
塩…少々

○作り方
❶ エビは殻つきのまま塩ゆでし、尾1節を残して、殻をむき、背ワタをとる。（写真のように、尾の剣先を刺すときれいに盛り付けられる）
❷ ピーラーでむいたキュウリ、ニンジンと長ネギ、シイタケを1㎝角に切る。そうめんはゆでておく。
❸ 器に具材を入れ、温めたAをそそぎ、木の芽を飾る。

豆腐と若布の味噌汁

淡白な素材を煮干の
コクと合わせて

平塚先生のだしポイント

だしの風味が飛び、豆腐にスが入ってしまうので、温め過ぎないようにします。

○材料（四人分）

絹ごし豆腐…1／2丁
長ネギ…1／4本
カットワカメ…適量
煮干だし…720㎖
信州味噌…25g〜

○作り方

❶ 豆腐はサイの目に切り、長ネギは小口切りにする。
❷ 鍋でだしを沸かし、味噌を溶き、豆腐を入れて温める。
❸ お椀にワカメ、長ネギを入れ、②をそそぐ。

厚焼き卵

○材料（四人分）

卵…3個
ミツバ…1／6束
A
- だし…60㎖
- 濃口醤油…小さじ1／4
- 砂糖…大さじ1

サラダ油…適量
ダイコンおろし…適量

平塚先生のだしポイント

泡を立たせないよう、菜箸で卵をよく溶いてから、だし、調味料を加えます。

だしのうまみと
焼いた香ばしさが
口に広がる定番料理

○作り方

❶ ボウルに卵を入れよく溶きほぐし、そこに混ぜ合わせたAと、1㎝に切ったミツバを加える。

❷ 卵焼き用フライパンを中火で熱し、煙が出たら火を弱め、油をならし、再び中火にして卵液を流し、半熟で巻いていく。

❸ 巻いたら油でならし、卵液を流して巻くを繰り返す。最後は巻きすで巻き締め、8等分に切り、盛り付けてダイコンおろしをそえる。

出汁巻

○材料（四人分）

卵…3個
だし…100㎖
薄口醤油…小さじ1／2
サラダ油…適量
ガリ…適量

平塚先生のだしポイント

卵液を入れたら中火で。火加減に注意すれば、だしがしみ出るほどジューシーな仕上りになります。

ジューシーで
やわらかになっている
優しい口当たり

○作り方

❶ボウルに卵を入れ、よく溶きほぐし、だし、薄口醤油を加える。

❷中火で卵焼き用フライパンを熱し、煙が出たら火を弱め油をならし、再び中火にして卵液を流し、半熟で巻いていく。

❸巻いたら油でならし、卵液を流して巻くを繰り返す。最後は巻きすで巻き締め、8等分に切り、盛り付けてガリをそえる。

茶碗蒸し

卵とだしの黄金比率で
とろけるような、なめらかな舌ざわり

○材料（四人分）

卵…2個

A
- だし…400㎖
- 塩…小さじ1／4
- 薄口醤油…小さじ1／4
- みりん…小さじ1／4

エビ…4尾
鶏ささ身…1本
かまぼこ…4切れ
生シイタケ…2枚
ギンナン…8個
ミツバ…1／4束
ユズの皮…適量

○作り方

❶ シイタケは軸をとり、薄く切り、エビは殻と背ワタをとる。鶏ささ身は筋をとり、ひと口大に切り、濃口醤油、酒少々（分量外）で洗う。

❷ Aは、ひと沸かしさせ、冷ましておく。

❸ ボールで卵を溶きほぐし、②を加え混ぜ、ザルでこす。

❹ ①、かまぼこ、ギンナンを器に入れ③をそそぎ、蒸し器に入れフタをし、強火で2分ほど蒸す。表面が白くなったら、弱火にし15分ほど蒸す。

❺ 蒸し上がったら火を止め、1㎝ほどに切ったミツバをのせ、蒸し器のフタを少し開けて、2～3分おく。仕上げにユズの皮を飾る。

卵豆腐

「つるん」としたのどごしを
一番だしで楽しんで

○材料（四人分）

卵…3個

A
- だし…300㎖
- 塩…小さじ1／2
- 薄口醤油…1／2
- みりん…小さじ1／2

美味（うま）出汁

B
- 一番だし…90㎖
- 薄口醤油…15㎖
- みりん…15㎖

木の芽…4枚

○作り方

❶ Aをひと沸かせさせ、冷ましておく。

❷ ボールに卵を溶きほぐし、①を加えザルでこして流し缶に入れ、スプーンで泡をとる。

❸ 蒸し器に②を入れ、強火で2～3分蒸す。表面が白くなったら弱火で15分ほど蒸した後、冷水で冷ます。

❹ Bは、ひと沸かしさせ、冷ましておく。

❺ ③を切り出し、器に盛り、④をそそぎ木の芽を飾る。

平塚先生のだしポイント

蒸し器に入れるときに、流し缶の下に割り箸をかますと、だし入り卵液にスが入りにくくなります。

平塚先生に
教わる！

だしと調味料
料理別のおいしい比率

日本料理で使うだしと調味料はすべて同じ比率ではありません。
そこで、家庭でよく登場する料理別に「だし」と「調味料」の
おいしい比率を紹介します。
これさえ覚えておけば、だし料理上手になること間違いなし！

	だし	みりん	濃口醤油	薄口醤油	砂糖	塩	その他
吸物	60			1		少々	
含ませ煮・浸し	15	1		1			追い鰹
炊込みご飯	12	1		1			酒 少々
おでん・寄せ鍋 にゅうめん	12	1	1				
かけ （そば・うどん） [甘汁]	10	1	1				
煮物 （野菜等）	10	1		1			
冷そうめん	7	1	1				
揚げ浸し	6	1	1				
親子丼	5	0.5		1	適量		
天丼	5	1	3		適量		1割煮詰める
天つゆ・もり （そば・うどん） [辛汁]	4	1	1				
かつ丼	3.5	1	1		適量		
すき焼	2	1	1		適量		酒½

part 2

西洋料理のだしと料理

「フォン・ド・ヴォライユ（鶏のだし）」「フィメ・ド・ポワソン（魚のだし）」。これらはフランス料理の本格的なだしですが、難しく考えることはありません。家庭で役立つ西洋料理の４つのだしをマスターしましょう。

フォン・ド・ヴォライユ

本格的な鶏（ヴォライユ）のだし（フォン）です。

下処理をした鶏ガラと香味野菜を、大きめの鍋で水から煮出し、火加減に注意しながら、弱火で煮込みます。材料は炒めずに生のまま煮込むので、色のついていないフォンに仕上がります。

素材のピュアな味を抽出できるので、ベースに使うと、ソースや煮込み料理の味がグッとアップします。でき上がったものは、小分けし冷凍もできるので、保存もきき便利です。

このまま飲んでも美味しい
透き通った黄金色の西洋だし

手順はいたって簡単。

料理の幅が広がります！

ニンジン、トマトは皮ごと使います。

鶏ガラは新鮮なものを使うと生臭さが抑えられます。

材料

①鶏ガラ…４羽
②タマネギ…１個
③ニンジン…１本
④セロリ…１本
⑤トマト…½個
⑥タイム…少量
　ローリエ…少量
　パセリの茎…少量
　粒コショウ…少々
水…１ℓ
塩…少々

ここを押さえて！
とり方“How to”

Hint!
・写真のように大きさの違う器をつかってこすとうまくできます。

Hint!
・鍋のふちにレードルをぶつけながらとるときれいにあくがとれます。

1 鍋に下処理をした鶏ガラと水を入れ沸騰するまで強火にかけ、浮いてくるあくをていねいにとり除く。

Hint!
・野菜はスープが透明になってから入れます。

2 タマネギは1㎝の輪切り2枚を、フライパンで焼く。タマネギの残りとニンジン、セロリはザク切りにし、トマトは半分に切り1に入れる。

3 ⑥、粗くつぶした粒コショウ、塩も加え、沸騰したら火を弱め、あくをとりながら2時間ほど煮込み、レードルを使い静かにこす。

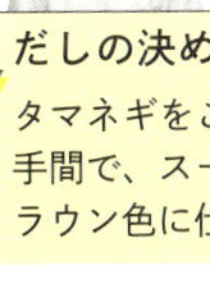

佐藤月彦先生
西洋料理のだしはおまかせ

だしの決め手
タマネギをこんがり焼くひと手間で、スープがきれいなブラウン色に仕上がります。

ルーを使わないシチューは
自然の甘み

チキンクリームシチュー

○材料（四人分）

- フォン・ド・ヴォライユ…200㎖
- ジャガイモ…1個
- ニンジン…小1本
- インゲン…40g
- タマネギ…1個
- マッシュルーム…8個
- 小麦粉…20g
- 牛乳…200㎖
- 生クリーム…200㎖
- バター…20g
- 塩、コショウ…少々

○作り方

❶ 野菜は1・5㎝に切り、バターで炒める。

❷ ①に小麦粉を振り入れ、よく炒め混ぜ、フォン・ド・ヴォライユを加えさらに混ぜる。

❸ とろみが出てきたら牛乳を加え弱火で15分ほど煮て、塩、コショウで味を整え、最後に生クリームを加える。

佐藤先生のだしポイント

小麦粉をよく炒めると粉っぽさが残らずだしとよくなじみ、クリーミーな仕上がりになります。

きのこのカプチーノ仕立て

キノコのうまみをミックスした
香り豊かなスープ

○材料（四人分）

- フォン・ド・ヴォライユ…300㎖
- タマネギ…1／6個
- 生シイタケ…4個
- マッシュルーム…4個
- ニンニク…1／2片
- 生クリーム…50㎖
- バター…15g
- 牛乳…少々
- 塩、コショウ…少々
- アサツキ…少々

○作り方

❶ ニンニク、タマネギはみじん切りに、生シイタケ、マッシュルームは薄く切る。アサツキは小口切りにする。

❷ 鍋にバターを入れ、ニンニク、タマネギを軽く炒める。生シイタケ、マッシュルームを加えさらに炒め、フォン・ド・ヴォライユ、塩、コショウを入れて弱火で15分煮る。

❸ ②をミキサーでなめらかにし、鍋に移し中火にかけ、生クリーム、塩、コショウを加えて味を整える。

❹ 別鍋に牛乳を入れ火にかけ、泡が出始めたら火を止めて、泡立て器で泡立てる。

❺ ③を器に盛り、その上に④をのせて、アサツキを飾る。

佐藤先生のだしポイント

うまみを引き出すために、キノコ類を入れたら火加減は弱火で！

蒸した鶏肉はしっとり
凝縮したソースが味の決め手

蒸し鶏肉のツナソース和え

○材料（四人分）

フォン・ド・ヴォライユ…100mℓ
鶏むね肉…2枚
ミニトマト…8個
アサツキ…1／2束
塩、コショウ…少々
※ツナソース…400g

応用編　鶏のむね肉は汁ごと冷ますことで、フォン・ド・ボライユの味がしみ込み、やわらかく仕上がります。

○作り方

❶ 鶏むね肉は皮をとり半分に切り、塩、コショウをして、重ならない様に鍋に並べる。フォン・ド・ヴォライユを加え、フタをして中火で蒸し煮にする。

❷ ①を汁ごと冷まし、鶏むね肉をとり出し薄く切る。ミニトマトは半分に切り、アサツキは小口切りにする。

❸ ①の汁はこしてツナソースとあえる。

❹ 鶏のむね肉、ミニトマトを皿に盛り、③のソースをかけアサツキを散らす。

※ツナソースの作り方

ツナ缶…75g
アンチョビ…3枚
生クリーム…75mℓ
マヨネーズ…150mℓ
ゆで汁…50～80mℓ

材料をすべてミキサーにかける。

ジュ・ド・ヴォライユ

直訳をすると、「鶏のジュース（肉汁）」で、濃い鶏のだしです。

鶏ガラは、よくこげ目を付けて香ばしく炒めます。きちんと火が入るように、野菜は別の鍋で炒めます。肉汁と香味野菜の香りが出た頃、それぞれの鍋を合わせて、ハーブと一緒に煮込んでいきます。

鶏のうまみ成分に野菜のコクが加わり、絶妙な味に仕上がります。この濃厚だしを使えば、調味料は少量でも、深みのあるソースが作れます。

たたいた鶏ガラは炒めて煮詰め
香ばしく濃厚なだしに

焼いただけの
肉や魚を大変身させる
ソースのベース

ニンニクを入れる事で
香りとコクが増します。

ハーブが手に入らない時は
セロリの分量を多くします。

材料

①鶏ガラ…２羽
②タマネギ…１個
③ニンジン…１本
④セロリ…½本
⑤トマト…½個
⑥ニンニク…２片
⑦タイム…少量
　ローリエ…少量
　パセリの茎…少量
　粒コショウ…少々
塩…少々
水…１ℓ
サラダ油…適量

ここを押さえて！
とり方“How to”

Hint!
・鶏ガラを炒めたあとの肉汁のうまみも逃さないようにします。

1 鶏ガラはたたいて小さくする。タマネギ、ニンジン、セロリ、トマトはザク切りにする。ニンニクは皮付きで半分に切る。

Hint!
・煙が出るまで熱します。

2 フライパンに油を熱し、鶏ガラを入れ炒める。別の鍋でトマト以外の野菜を炒める。

3 炒めた野菜と鶏ガラを合わせる(写真上)。水1ℓは、鶏ガラを炒めたフライパンに入れ、肉汁ごと鍋に加えていく。

4 3にトマト、⑦、塩、粗くつぶした粒コショウを入れ、沸騰したら火を弱めあくをとりながら2時間ほど煮込み、最後にこす。

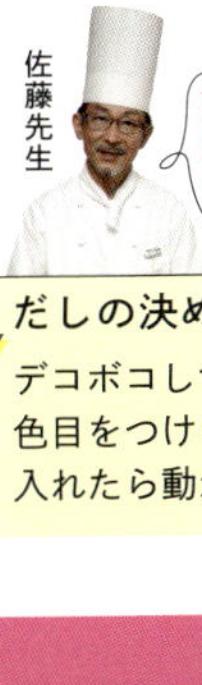

佐藤先生

西洋料理のだしはおまかせ

だしの決め手
デコボコしている鶏ガラの全体に色目をつけるには、フライパンに入れたら動かさないことです。

鶏のソテー グランメール風

すべての味を吸いとった
ジャガイモが美味

佐藤先生のだしポイント

ベーコン、キノコ類、もも肉から塩味やうまみがとれるので、塩、コショウは味を見てから入れます。

○材料（四人分）

ジュ・ド・ヴォライユ
…200㎖
鶏もも肉…4枚
ベーコン…80g
マッシュルーム
…1／2パック
生シイタケ
…1／2パック
エリンギ…1／2パック
ニンニク…1／2個
タマネギ…1／6個
ジャガイモ
（メイクイーン）…1個
アサツキ…2本
塩、コショウ…少々
サラダ油…適量
バター…少々

○作り方

❶ 厚めに切ったベーコンと、スライスしたキノコ類を鍋で炒める。ミジン切りにしたニンニクとタマネギを加えさらに炒め、ジュ・ド・ヴォライユを入れて、強火で煮詰めていく。

❷ 鶏もも肉は1枚を4つに切り、塩、コショウをしてフライパンで皮目から焼く。焼けたら、とり出しておく。

❸ ②のフライパンは余分な油を捨て、少量の水（分量外）を入れて肉汁を溶かし、①に加え、塩、コショウをして味を整える。

❹ ②を皿に盛り付け、③のソースをかけ、アサツキを散らす。

鴨のハチミツソース

○材料（二人分）

ジュ・ド・ヴォライユ…250㎖
カモ…150g
エリンギ…少量
アサツキ…少量
ハチミツ…大さじ1
白ワインビネガー…大さじ1
塩、コショウ…少々
サラダ油…適量

○作り方

❶ カモに塩、コショウをし、サラダ油をひいたフライパンで皮を約6分、表を約4分焼く。スライスしたエリンギも焼き、皿に盛り付ける。

❷ ①のフライパンは、余分な油を捨て、ハチミツを入れ少々こがす。

❸ ②に白ワインビネガー、ジュ・ド・ヴォライユを加え少々煮たソースを①にかけ、アサツキをそえる。

香ばしいソースをとろりとかけ
ワインのおともに最適

フュメ・ド・ポワソン

魚（ポワソン）を素材にした、やわらかなだしです。

たたくようにつぶした白身魚のアラと香味野菜を炒めてから、白ワインを加え煮出すことで、コクのあるだしができ上がります。

魚は生臭さを残さないように強火で、野菜はこがさないように、弱火での調理がポイントです。

あくをとってから20分ほどすると、香りがまとまってきます。あまり長く火にかけると、魚の臭みが出てしまうので、短時間で仕上げます。

強火の調理で生臭みが残らず
深い味わいの魚介だし

ひと手間で
いつもの料理が
お店の味に！

脂が多い青魚は臭みが強くなるので不向きです。

材料

- ①メバルのアラ…４尾分
- ②タマネギ…１個
- ③セロリ…½本
- ④
  - タイム…少量
  - パセリの茎…少量
  - ローリエ…少量
  - 粒コショウ…少量
- バター…15ｇ
- サラダ油…15ｇ
- 白ワイン…50㎖
- 塩…少量
- 水…400㎖

ここを押さえて！
とり方 “How to”

Hint!
・スープの色に影響するので、野菜をこがさないように注意します。

1 鍋でバターとサラダ油を熱し、繊維を断つように切った野菜を入れ、弱火で炒める。

2 メバルのアラは流水で洗い、水気を切り 1 に加え、中〜強火で炒める。

Hint!
・底の広いフライパンの方がやりやすいです。

3 火が通ってきたら、木べらでアラを押すようにつぶし細かくしていく。

4 写真（上）のような状態になったら、白ワインを入れアルコール分を飛ばしたあと水、④、塩、つぶした粒コショウを加え、あくをとりながら沸かす。

5 沸いたら弱火にし、20 分ほど煮出してこす。

佐藤先生

西洋料理のだしはおまかせ

だしの決め手
鍋の温度を下げないために、混ぜずに木ベラで押し炒めて下さい。

白身魚のブルテ
凝縮した魚介のコクで
ホワイトソース不要！

佐藤先生の
だしポイント

火を入れすぎるとメバルが固くなるので、一度とり出します。鍋1つで作ることで、味に一体感がでます。

○材料（四人分）

フュメ・ド・ポワソン
…200mℓ
メバル切り身
…2尾分
タマネギ
…1／8個
マッシュルーム
…4個
白ワイン…50mℓ
生クリーム…50mℓ
バター…10g
小麦粉…10g
パセリ…少量
粉チーズ…20g
塩、コショウ…少々

○作り方

❶ タマネギ、パセリはみじん切りに、マッシュルームはスライスする。

❷ 鍋に①とメバルの切り身を入れ、白ワイン、フュメ・ド・ポワソンを加え火にかけ、火が通ったら、いちどメバルを取り出す。

❸ ボールに小麦粉とバターを入れて一体化するまで手で混ぜ合わせる。

❹ ②に③を加えとろみを付け、生クリームを少しずつ加え混ぜる。

❺ 器にメバル、④を盛り付け粉チーズをかけ、オーブントースターで焼き目が付くまで焼く。

ほたて貝と海老のグラタン

クリーミーなホワイトソースが美味しさのカギ

○材料（四人分）

ホタテ貝柱…2個
エビ…4尾
タマネギ…20g
マッシュルーム…3個
白ワイン…40㎖
フュメ・ド・ポワソン…80㎖
ホワイトソース…適量
マッシュポテト…適量
塩、コショウ…少々
粉チーズ…少量

○作り方

❶ ホタテは横半分に切る。エビは殻をむき、背ワタをとり、塩、コショウをする。タマネギはみじん切り、マッシュルームはスライスする。

❷ 鍋に①を入れ、白ワイン、フュメ・ド・ポワソンを加えて火にかけ、材料に火が通ったら、ホワイトソースを加えて混ぜる。

❸ 器にマッシュポテトをしぼり、②を入れて粉チーズをふりオーブントースターで焼き色が付くまで焼く。

ブイヨン・ド・レギューム

野菜（レギューム）のうまみだけで作るだしです。

「フォン」と「ブイヨン」の違いは、その用途です。フォンは、多彩なソースや煮込み料理に使われ、ブイヨンは、スープに使われます。ブイヨンをベースに作られるのがコンソメです。

切った香味野菜を、炒めずに水からゆっくり煮出していきます。野菜の自然な甘みが引き出されたまろやかな味わいで、透き通っただしの楽しみ方は無限大です。

野菜のうまみだけでつくる
美しく澄んだブイヨン

少しずつ
余った野菜が
お宝のスープに！

ニンジンのかわりにジャガイモを入れても◎です。ニンジンを入れると淡い色のスープができます。

材料

①タマネギ…１個
②ニンジン…１本
③セロリ…40ｇ
④タイム…少量
　ローリエ…１枚
　パセリの軸…少量
　粒コショウ…１ｇ
塩…少量

ここを押さえて！

とり方“How to”

1 鍋に水と薄く切った野菜を入れ火にかける。

佐藤先生

西洋料理のだしはおまかせ

だしの決め手

野菜の繊維を断つように切り、「塩」を必ず加えることで野菜の味がグンと出やすくなります。

2 1に④、粗くつぶした粒コショウを入れ、塩を加える。

Hint!

・野菜の香りが調和してきます。

3 沸騰しあくをとったら、火を弱め表面がコトコト揺れる状態で20分ほど煮込む。

Hint!

・濁ってしまわぬように少しずつこします。

4 あくをきれいにとり除いたら、少しずつこしていく。

野菜本来の味をギュッとつめた
カラダに嬉しいホッとする味

佐藤先生のだしポイント

ブイヨン・ド・レギュームは温めたものを加えると、米に火が通りやすくなります。

野菜のリゾット

材料（四人分）

- ブイヨン・ド・レギューム…300㎖
- 米…1C
- ニンジン…40g
- セロリ…30g
- タマネギ…40g
- オリーブ油…30㎖

作り方

❶ 野菜は1㎝角に切り、オリーブ油で炒め、洗った米を加えて軽く炒める。

❷ ①に温めたブイヨン・ド・レギュームを3回に分けて加える。

❸ 鍋底をこがさない程度に混ぜ、17分ほど煮込む。

カキのナージュ

カキのコクとまろやかな
生クリームが相性抜群

佐藤先生のだしポイント

カキが固くなり、またソースが生臭くなるので、カキには火を入れすぎないようにします。

○材料（四人分）

ブイヨン・ド・レギューム…400㎖
生カキ…8個
タマネギ…1／2個
ニンジン…1／4本
セロリ…1／6本
白ワイン…100㎖
生クリーム…100㎖
サラダ油…50㎖
塩、コショウ…少々
セルフィーユ…少々

○作り方

❶ 薄い輪切りにした野菜と、ブイヨン・ド・レギュームを鍋で20分ほど煮て、野菜をとり出す。
❷ 鍋に生カキ、白ワインを入れ加熱し、生カキにサッと火が通ったらとり出す。
❸ ①と②の煮汁を合わせ、生クリームを加えて加熱し、泡たて器で混ぜながらサラダ油を加え、塩、コショウで味を整える。
❹ 器にカキ、野菜を盛りつけ、③のソースをかけ、セルフィーユを飾る。

part 3

中国料理のだしと料理

じっくりと煮出した「鶏ガラスープ」は、中国料理の基本のだし。これさえあれば、お店で食べるみたいなコーンスープや、ふわふわのかに玉のあんかけが自宅で作れます。「ひき肉のスープ」は、約30分で作れる手軽なスープ。ぜひ試してみてください。

鶏ガラスープ

ここぞ！という時に作りたい本物の味

鶏のガラから取った中国料理の基本のスープです。濁り、あくを抑える下処理さえきちんと行えば、簡単に作れます。

　鶏ガラの臭みを消すために、ネギの青い部分とショウガを加え、たっぷりのお湯でコトコトと表面が揺れるくらいの火加減で煮込めば、透明に仕上がります。

　ひと手間かける甲斐のある、上品で驚くほどおいしい味。前菜からメイン料理まで幅広く使える万能のスープです。

色々な料理に使える基本のスープ

材料

①鶏ガラ…２羽
②豚骨…200ｇ
③ネギの青い部分…１本
④ショウガ…２〜３枚
水…４ℓ

香味野菜を入れることで生臭さがおさえられます。

ここを押さえて！

とり方“How to”

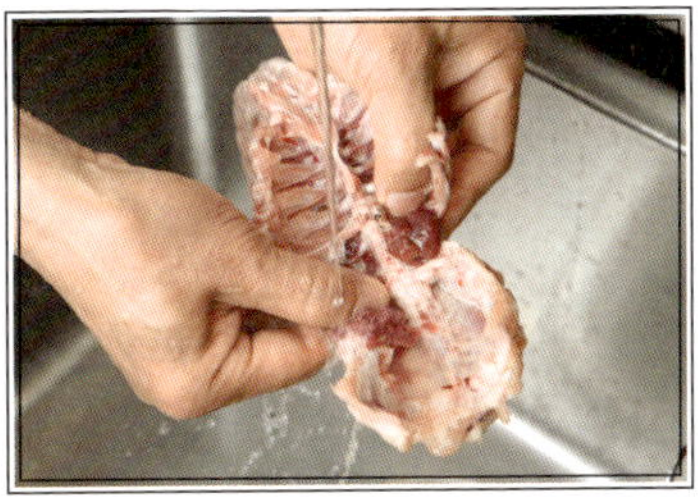

1 鶏ガラは血合い、内臓を流水できれいに洗い流す。

Hint!

・水からゆでると時間がかかるため、うまみがぬけてしまいます。

2 鍋にたっぷりの湯（分量外）を沸かし、1の鶏ガラ、豚骨の表面が白くなるまでゆでる。

3 鶏ガラ・豚骨を鍋からとり出し、内臓の残りを水できれいに洗い流す。

4 新たに鍋に水4ℓ、3の鶏ガラ・豚骨を入れ強火にかけ、沸騰したら火を弱めあくをとり除く。

Hint!

・火にかけすぎていると、水分が蒸発します。

5 4にネギとショウガを加え再び沸騰したら、弱火にし、途中あくをとりながら2時間ほど煮出し、こす。

白木悦樹先生

中華料理のだしはおまかせ

だしの決め手

強火にかけるとスープが白濁します。また長時間火にかけると、スープが酸化し、風味が落ちるので、火加減と時間には注意しましょう。

かに玉の醤油あんかけ

スープのうまみがつまった、
アツアツのあんをかけて

○材料（一人分）

- 卵…2個
- カニ肉…25g
- 長ネギ（ミジン切り）…大さじ1
- グリーンピース…少々
- 鶏ガラスープ…大さじ1
- 塩、コショウ…少々
- サラダ油…適量

（あんかけ）
作りやすい分量

- 鶏ガラスープ…300㎖
- A
  - 酒…小さじ1
  - 醤油…大さじ1強
  - 砂糖…小さじ1
  - コショウ…少々
- 水溶き片栗粉…適量
- ゴマ油…少々

○作り方

❶ ボウルに卵を割りほぐし、カニ肉、長ネギ、塩、コショウ、鶏ガラスープを入れ混ぜる。

❷ フライパンを熱し、やや多めにサラダ油を入れて①を入れかき混ぜる。固まり始めたら形を整え、焼き目が付いたらひっくり返し裏面も焼き、皿に盛り付ける。

❸ 鍋に鶏ガラスープとAの調味料を入れ弱火〜中火で温める。水溶き片栗粉で軽くとろみをつけたら強火にし、ゴマ油を加えて香りとツヤがでたら②にかける。

白木先生のだしポイント

あんかけは混ぜすぎると濁ってしまうので、③でとろみをつけたら混ぜすぎない！

○材料（一人分）

鶏ガラスープ…350㎖
鶏もも肉…1/3枚
中華麺…1玉
塩…小さじ2/3
長ネギ…適量
コマツナ…適量
黒コショウ…少々

○作り方

❶ 鶏もも肉は熱湯で10分ほどゆでたあと、薄く切る。長ネギは千切りにし、ゆでたコマツナは食べやすい大きさに切る。

❷ 中華麺は、たっぷりのお湯で1分30秒ほどゆでる。

❸ 器に塩を入れ、熱した鶏ガラスープをそそぎ、湯をしっかり切った②を入れて①をのせ黒コショウをふる。

応用編 中華麺のかわりに、春雨やビーフンも◎。たっぷりパクチーをのせて。

白木先生のだしポイント

スープが薄まってしまうので、麺は湯を必ずしっかりと切ります。

最後の一滴まで飲み干したくなる
スープが主役

鶏肉のあっさりスープ麺

コーンスープ

○材料（四人分）

鶏ガラスープ…600㎖
クリームコーン缶…250g
卵…1/2個
水溶き片栗粉…適量
塩…小さじ2/3
コショウ…少々
パセリ…少々
ハム…少々

○作り方

❶ 鍋に鶏ガラスープ、クリームコーンを入れて温め、塩、コショウで味を整える。

❷ ①に水溶き片栗粉を入れとろみをつけたら火を止め、溶き卵を垂らしながら加え軽くかき混ぜる。

❸ 器に②を注ぎ、みじん切りにしたパセリ、ハムを散らす。

応用編　生クリームや牛乳を少量加えるとコクが出てクリーミーな味に。

コーンの甘さと、ふんわりした食感がひきたつ嬉しいスープ

白木先生のだしポイント

とろみをつけてから溶き卵を入れることで、きれいな仕上がりになります。

ひき肉のスープ

すっきりとしていて、コクがあるクリアで美しいスープです。身近な食材であるひき肉を使い、家庭でも手軽に30分ほどで作ることができます。

肉をかき混ぜながら加熱すると、スープの中の余分なあくが吸着しながら凝固していきます。肉が細かければ細かいほどこの効果は大きいのが、ひき肉を使う理由です。このスープを使えば、濃厚な中華とは異なる、繊細な料理に仕上がります。

家庭で簡単に作れる透明感のあるスープ

材料4つで驚くほど簡単に本格味に！

塊肉は透明感がでないので必ずひき肉を使って下さい。

材料

①鶏ひき肉…200ｇ
②豚ひき肉…200ｇ
水…１ℓ
③ネギの青い部分…１～２本
④ショウガ…１カケ
水…２ℓ

ここを押さえて！

とり方“How to”

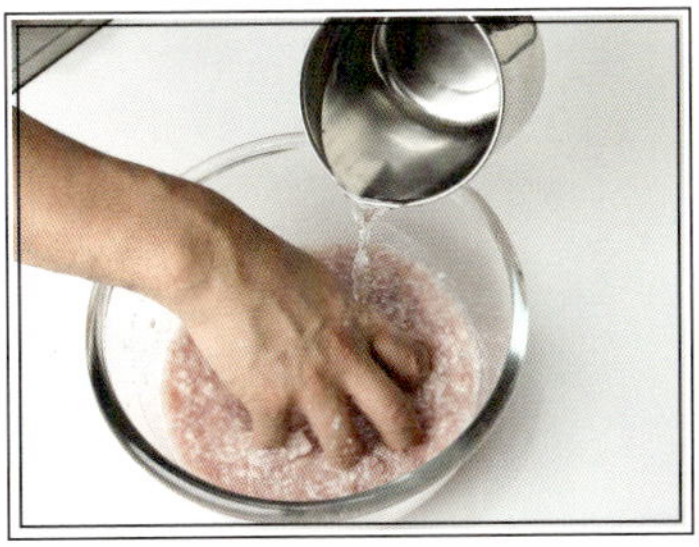

1 ボウルに鶏ひき肉、豚ひき肉を入れ、水１ℓを少しずつ加えながら混ぜ合わせる。

Hint!
・均一になるようにていねいに混ぜます。

2 鍋に水２ℓを入れ、1を流し入れ強火にし、沸騰するまで混ぜる。

Hint!
・ショウガは皮だけ入れてもＯＫ

3 肉が白っぽくなり浮いてきたら火を弱め、混ぜるのをやめネギ、ショウガを加える。

4 弱火で30分ほど煮出し、しっかりと味がでたらこしてでき上がり。

白木先生

中華料理のだしはおまかせ

だしの決め手

「弱火」でじっくり煮出すことで肉があくを吸収し、澄んだ透明感があるスープができ上がります。

冷たいスープ前菜
ゼラチンで固めたスープで
涼やかな一品に

○材料（作りやすい分量）

ひき肉のスープ…200ml
板ゼラチン…10g
塩…少々

A
- エビ（塩ゆで）
- スパムミート
- ミニトマト
- キュウリ
- トビッコ

○作り方

❶ 板ゼラチンは水に浸けもどしておく。

❷ 鍋にひき肉のスープを入れ温め、塩で味を整えたあと火を止めて①を入れ溶かし、バットに流し冷蔵庫で冷やし固め、フォークでクラッシュする。

❸ 食べやすい大きさに切ったAを器に盛り、②をそえる。

白木先生のだしポイント

透明スープで作るスープゼリー。きれいに固めるために、ゼラチンは火を止めてから加えます。

白菜の澄ましスープ蒸し

○材料（一人分）

ひき肉のスープ…適量
白菜…1／4個
塩　少々

○作り方

❶ 白菜をたっぷりのお湯で下ゆでし、水気を切って深めの器に入れる。

❷ ひき肉のスープは塩で味を整え、白菜がかぶる位の量を①にそそぎラップをかけて1時間ほど蒸す。

底まで澄んだスープの中に
とろとろの白菜

part

4

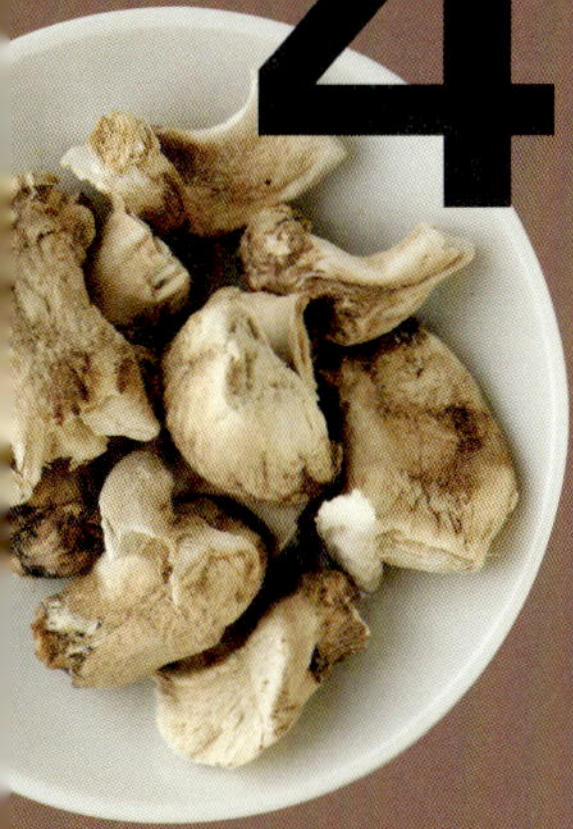

だしの素材

だしの素材は無数にありますが、
日本料理でおもに使うのは「昆布」「かつお節」
「干しシイタケ」「煮干し」です。
種類や産地や深く知って、上手に素材を選びましょう。

だし素材のヒミツ

昆布・海藻のスペシャリスト

株式会社「東昆」

さんに教わる昆布の基本

昆布

昆布は、おもに東北地方より北で生産されています。外海に面した比較的、波が荒く、水深5〜7メートル付近で育つものが多いですが、場所によっては、水深20メートルもの深い海で採れることもあります。国内産の昆布の90％以上が北海道産です。

　昆布は、海のなかで光合成（植物が、太陽の光のエネルギーを利用して、酸素などをつくること）を行って成長します。大きさは、長さ2メートルぐらいのものから、大きいものでは10メートル以上、幅は60センチ以上にもなります。

　昆布の育て方は、海底に自然に生えている「天然昆布」と、海につるしたロープに種苗をつけて計画的に育てる「養殖昆布」に分類されます。養殖昆布は通常2年間かけて育てますが、1年目で採ってしまう昆布のことを「促成昆布」と呼びます。2年目の昆布は、1年目のものに比べて大きく厚みがあり、味のよい昆布となります。

昭和8（1933）年創業の「東昆（とうこん）」は、昆布、ワカメ、海藻加工品の製造や販売を行う海藻専門メーカー。築地営業所では、業務用、家庭用の昆布やワカメを取り扱っています。

昆布は夏、北の海でとります

昆布の成長期は、春から夏前です。
昆布の収穫から、出荷するまでの作業を追ってみました。

1 昆布漁

昆布船で昆布を採取します。採取時期は7～9月いっぱい。快晴で波が穏やかな日を選び、早朝から午前8時ごろにかけて船の上からサオや長い柄のついた道具を使って採ります。

昆布船で採取

夏が採取の時期

2 乾燥

採取した昆布の根本を切り落とし、天日干しもしくは室内乾燥機で数日乾燥させます。(産地により乾燥方法は異なります)

天日干し

浜に並ぶ昆布

3 出荷・保管

乾燥した後は、一定の長さに切って束ねます。結束した昆布は、各等級にわけて検査し、出荷します。

規格別に出荷

一定の長さで束ねる

90％以上が北海道生まれの
昆布の種類と産地

昆布は、生育している海の環境でさまざまな味わいがあります。

羅臼昆布《らうすこんぶ》

味が濃く、香りの良いだしがとれる高級昆布です。だしのほか、煮昆布や炊き合わせにも使います

長昆布《ながこんぶ》

ほのかな甘みがあるだしがとれます。煮昆布、昆布巻き、佃煮、結び昆布など、幅広く利用できます

香りの良い
だしになる

利尻昆布《りしりこんぶ》

味が濃く、香りの良いだしがとれる高級昆布。口あたりが良いため、細く切ってそのまま食べてもおいしいです

内厚なので
おぼろ昆布にも

真昆布《まこんぶ》

上品な風味と澄んだだしがとれる高級昆布。肉厚なため、高級佃煮や塩昆布、おぼろ昆布などに使われます

やわらかく
煮えます

日高昆布《ひだかこんぶ》

コクのあるだしがとれ、やわらかく煮上がるため、昆布巻きや煮昆布に使われます

昆布の選び方と、保存方法

色ツヤを見て選び、乾燥状態で保存

用途に合わせて選ぶのがポイント

ポイント

用途に合わせて選ぶ

おいしい昆布を選ぶには、まず色を見ます。よい昆布は緑褐色がかかっていて、ツヤがあります。そのなかでも、香りよく乾燥した肉厚のものが、よりおいしい昆布です。逆に品質のよくないものは、黄色っぽくツヤがありません。

用途に合わせて、昆布を選ぶことも大切です。大きく分けて「だしをとるのに適した昆布」と「煮て食べるのに向いている昆布」に分けられると覚えておくとよいでしょう。

だしをとるのに適した昆布とは、うまみ成分を多く含んでいる種類のものです。繊維質が多く、しっかりと肉厚な昆布で、価格も高いことが多いです。「真昆布」や「利尻昆布」、「羅臼昆布」などがこれにあたります。

煮て食べるのならば、煮上がりが早く、繊維質が少なくてやわらかい種類が適しています。うまみ成分は少ないですが、価格も手ごろで、昆布巻きや佃煮などにも向いています。「日高昆布」や「長昆布」がよく知られています。

北海道の釧路から根室にかけての道東地区でとれる「厚葉《あつば》昆布」や、留萌《るもい》から小樽にかけて採れる「細目昆布」は、とろろ昆布やおでんなどで使われる昆布です。

昆布の保存は乾燥した状態で。
冷蔵でもＯＫ

水に一晩浸してから

昆布を使うときは、まず昆布の表面の汚れを乾いた布巾でとり除きます。表面に出ている白い粉はうまみ成分の結晶（マンニット）なので、とらないようにします。

だしをとるときには、昆布を水に入れて一晩おき、ぬめりが出てから使うのが基本です。このぬめりは、食物繊維に含まれるアルギン酸が溶けだしてきたものです。アルギン酸は、私たちの体内の余計な塩分（ナトリウム）を排出するなど、さまざまな働きをしてくれます。

湿気は昆布の大敵

昆布の保存方法で大切なのは、乾燥した状態で保存することです。湿気は昆布の味を落とす大敵。10～15センチくらいの使いやすい大きさに切って、しっかりと密閉できる缶などに入れて保存します。

すぐに使わないときには、ほかの食品の匂いがつかないように、しっかりとビニール袋に包んで冷蔵庫に入れておくのもよいでしょう。

選び方に迷ったら店の人にたずねるのもおすすめ

産地の海で味が異なる昆布

私たちが食卓で使う昆布はどこから来るのでしょうか？

昆布の国内生産量の90％以上は北海道産ですが、北海道では、ここ10年間の平均で、天然・養殖合わせて年間約1万8000トンが生産されています（表）。また、道南がもっとも生産量の多い地域となっています。

産地以外の昆布の分け方

昆布は産地による種類（P84）のほかに、採取の時期によっても呼び方が変わります。

昆布の採取時期は7～9月ですが、7月のはじめに比較的早く採取する昆布を「棹前（さおまえ）昆布」と呼びます。そして、7月10日ごろから9月10日ごろまでに採ったものを「夏採（なつどり）昆布」、9月10日前後から9月いっぱいの終漁期までに採ったものを「秋採（あきどり）昆布」といいます。

また、1年目で採取される「促成昆布」や、成長前に抜けてしまう「水昆布」などもあります。さらに、漁に出られない日などに、浜などに漂着した昆布を採取する「拾い昆布」、前年に生産された昆布を「囲（ひね）昆布」と名づけて、区分しています。

お店などで見かけたら、ぜひこれらの違いをチェックしてみてください。

昆布の生産量

（天然・養殖込み）　単位：トン

	平成18～27年平均	21年	22年	23年	24年	25年	26年	27年
道南	5,978	6,298	6,077	6,152	6,393	5,100	6,489	5,607
日高	3,232	3,060	3,201	2,832	3,146	2,362	3,536	3,227
釧路	4,525	4,673	4,944	3,425	4,357	4,243	4,457	3,816
根室	3,049	4,069	3,630	1,877	3,616	2,545	2,260	3,003
利尻	1,130	1,316	1,059	895	1,128	5558	1,191	1,045
その他	158	74	247	181	134	123	169	65
道内合計	18,072	19,490	19,158	15,362	18,774	14,931	18,102	16,763

昆布の「浜格差《はまかくさ》」

昆布は生育する浜によって、品質に差が出てきます。同じ産地であっても、成長によい環境が整っている浜のほうが優れた昆布ができるため、これを「浜格差」と呼びます。

日高昆布は、左記のように特上浜〜波浜Bまで8段階に分かれています。それぞれのランクに属する地区があり、唯一の特上浜で有名なのはえりも岬の西側にある「井寒台《いかんたい》」地区です。

日高昆布の浜格差

特上浜
▼
上浜A
▼
上浜B
▼
中浜A
▼
中浜B
▼
中浜C
▼
並浜A
▼
並浜B

日本人が昆布だしから発見した「うまみ」

昆布のうまみ成分は「グルタミン酸」ですが、この「うまみ」を発見したのは、実は、日本人です。

「昆布、トマト、チーズ、アスパラガス。これらには、共通するおいしさがあるが、いったい何なのだろう」。旧東京帝国大学（現在の東京大学）の池田菊苗《きくなえ》博士は、ドイツ留学中にこんな疑問を持ちました。池田先生は、帰国後に本格的に研究をはじめ、昆布だしのきいた「湯豆腐」を食べているときにひらめき、1908年に昆布だしの主な成分がグルタミン酸であることを発見しました。そして、これに「うまみ」を名づけたのです。

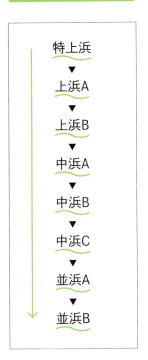

昆布の味くらべ

代表的な昆布４つの味やだしの色を比べてみました。
全体の傾向としては、濃い色のものは関東人好み、
淡い色のものは京都の人に人気です。

色が薄く、上品な薄味。ほんのりとした甘みも感じます。京都の料理屋さんの味わいです。

上品な薄味

真昆布

もっとも色が濃い

羅臼昆布

もっとも色が濃く、黄色みがかったいる。その分味も濃くて、コクのあるだしになっています。

濁りのない透明色で、少し塩気があります。だしとしては、塩分があるだけ料理に向いています。

京都で人気

利尻昆布

関東人好み

日高昆布

４つの中で甘みがもっとも少なく、ぬるぬる感がある。だしにもなるし、食べられてもやわらかい関東で好まれる昆布です。

深く知るだし素材のストーリー

昆布ロードで日本全国へ

「海の道」が伝えた昆布だしの文化

昆布は、8～10世紀には、すでに朝廷や権力者のもとに、東北地方から貢ぎ物として献上されていたと言われています。また、中世には、現在の北海道に人が移り住むようになり、たくさんの昆布がとれるようになりました。

こうした東北地方や北海道で採取された昆布は、西廻《まわ》り航路（北前船《きたまえぶね》）の船で、東北、北陸、関西の順に、全国各地に運ばれていきました。これを「昆布ロード」と呼びます。

現在の沖縄には、昆布の炒め物「昆布イリチー」など昆布を使った料理が数多くありますが、実は、沖縄の温かい海では昆布はとれません。

日本海側からの昆布ロードによって、下関から長崎、鹿児島を伝って、琉球王国（沖縄）までたくさんの昆布が運ばれてきたため、郷土料理として根付いたわけです。まさに、昆布ロードは「海の道」ですね。

函館
松前
東廻り航路
西廻り航路
富山
江戸(東京)
敦賀
小浜
京都
下関
堺
長崎
清へ
(中国)
鹿児島
琉球王国
(沖縄)
清へ
(中国)
昆布ロード

だし素材のヒミツ

かつお節

かつお節削りの老舗

株式会社「和田久」

さんに教わるかつお節の基本

かつお節は、昆布と並ぶ日本料理のだしの素材。クセがなく、上品な味と香りのだしがとれる上に、「勝男武士」「勝男節」といった言葉に置き換えられるため、昔から縁起物として使われてきました。

カツオは回遊魚のため、世界各地域で漁獲されています。日本でもさまざまな漁港でカツオが水揚げされますが、かつお節の産地としては、鹿児島県の枕崎市と指宿《いぶすき》市、静岡県の焼津市などが代表的で、この3地域で全国の95％を占めています。

かつお節の原料となるカツオは、体長40～65センチ程度の脂肪が少ないものが適すると言われています。4～7月ごろにとれる初ガツオから作る「春節」は良質とされ、8～10月の戻りカツオで作る「秋節」は脂肪が多く、品質が落ちる傾向にあります。

ただし、遠洋でとれた冷凍物を使うのが主流の現代では、この傾向は一概に当てはまらず、品質にそんなに変化はありません。

大正14（1925）年創業のかつお節削りの老舗。鹿児島県枕崎産を中心に選び抜いた原材料や、仕上がった節を常温でじっくり寝かせて熟成する「ねかせ熟成」など、独自のこだわりで仕上げたかつお節を販売しています。

時間と手間をかけてかつお節になります

かつお節は、日本の加工食品のなかで製造に
もっとも手間がかかるといわれます。
また、作り方の違いによって、「荒節」「本枯れ節」などに分かれます。

1 水揚げ

近海でとったカツオを水氷で冷やし、遠洋のものは超低温で急速に冷凍してマイナス30 ～ 50℃の冷凍庫で保管して運ばれ、水揚げされます。

2 身おろし

頭を落とし、内臓をとり除き、水洗いした後に三枚におろします。さらに血合い部分を境に背側と腹側とに切り分けることで、１尾から４本の節ができます。

3 籠《かご》立て

おろしたカツオを「煮籠《にかご》」というカゴに、形よく並べます。ここでねじれたり曲がったりすると、形の悪いかつお節になってしまいます。

4 煮熟《しゃじゅく》

煮籠にならべたカツオをお湯で煮ます。長時間じっくりと煮熟すると、肉が締まった生臭みのない、うまみのあるかつお節になります。
→「生利節《なまりぶし》」のできあがり！

5 骨抜き

皮やウロコ、汚れなどをとり除き、１本ずつていねいに骨を抜きます。

6 焙乾《ばいかん》

骨抜きをしたカツオは、鮮魚とほぼ同じくらいの水分を含んでいますが、これを燻して水分を抜くことを「焙乾」と言います。何回もくり返して行い、かつお節の特徴的な硬さに仕上げていくために乾燥させます。
→「荒節《あらぶし》」のできあがり！

7 カビ付け

かつお節の表面にカビ菌をつけて、貯蔵します。カビが節全体につくことで、節の水分を均等に吸収し、乾燥が進みます。また微生物の働きにより、発酵・熟成します。カビ付けのあと、天日に干し、さらにカビ付けをする…と繰り返して仕上げます。
→「枯れ節《かぶし》」「本枯れ節《ほんかぶし》」のできあがり！

部位や硬さで名前が変わる かつお節の種類

雄節、雌節は、オス・メスではない

かつお節とひと口にいっても、いろいろな種類があります。

かつお節ができるまで（P93）でも触れてますが、1尾のカツオから4本の節がとれます。三枚におろして、左右に分けた身をさらに背側と腹側に分けますが、背側で作った節の方を「雄《お》節」、腹側で作った方を「雌《め》節」と呼びます。「雄節」「雌節」は、オス・メスの違いではなく、節の部位の違いの呼び方というわけです。

雄節は、淡白で澄んだ色のだしがとれますので、あっさりした澄まし汁などに使うとよいでしょう。一方、雌節は大トロや中トロの部位をふくんでいるので、脂っぽさがあります。このため、雌節のかつお節でとっただしは、濃い口のつゆや、そばつゆ、天つゆ、煮物などに適しています。

また、小さなカツオの場合は、三枚におろした後、背と腹に分けずにかつお節にします。これは形が亀の甲羅に似ているため「亀《かめ》節」と呼びます。

「世界でもっとも硬い食品」

かつお節は作り方によっても、種類が分かれます。

カツオを「煮熟」し、骨抜きを終えた段階では、鮮魚とほぼ同じ68％の水分を含んでいます。これを蒸発させ、腐りにくくするのが「焙乾」です。「煮熟」したまま、もしくは一度焙乾したものを「生利節」といいます。

そして、1カ月ほど焙乾を繰り返して、水分を30％近くまで減らしたものを「荒節」と呼びます。荒節は、表面に真っ黒な煙の成分がくっついてゴツゴツして見えます。このため「粗節」「鬼節」などともいわれます。一般的に市販されているパック詰めの削り節の多くが、この「荒節」を原料としています。

荒節の表面についた煙の成分や脂肪を削り、成形したものを「裸節《はだかぶし》」と呼びます。

焙乾したのちに、カビ付けをしたものを「枯れ節」といい、中でも最高級のものが「本枯れ節」です。

カビつけでは「ムロ」と呼ばれる風通しの悪い部屋に入れ、カビがつくのを待ちます。最初に発生したカビは「一番カビ」と呼ばれ、通常2週間くらいで発生します。カビが節の表面についたらムロから出して、天日で干してからカビを落とし、そして、再びムロに入れてカビ付けを行います。

天日干しとカビ付けを繰り返すことで、水分が少なくなり、最終的にカビがつかなくなります。これが「本枯れ節」で、水分は約15％と「世界でもっとも硬い食品」と言われます。

つくり方によるかつお節の分類

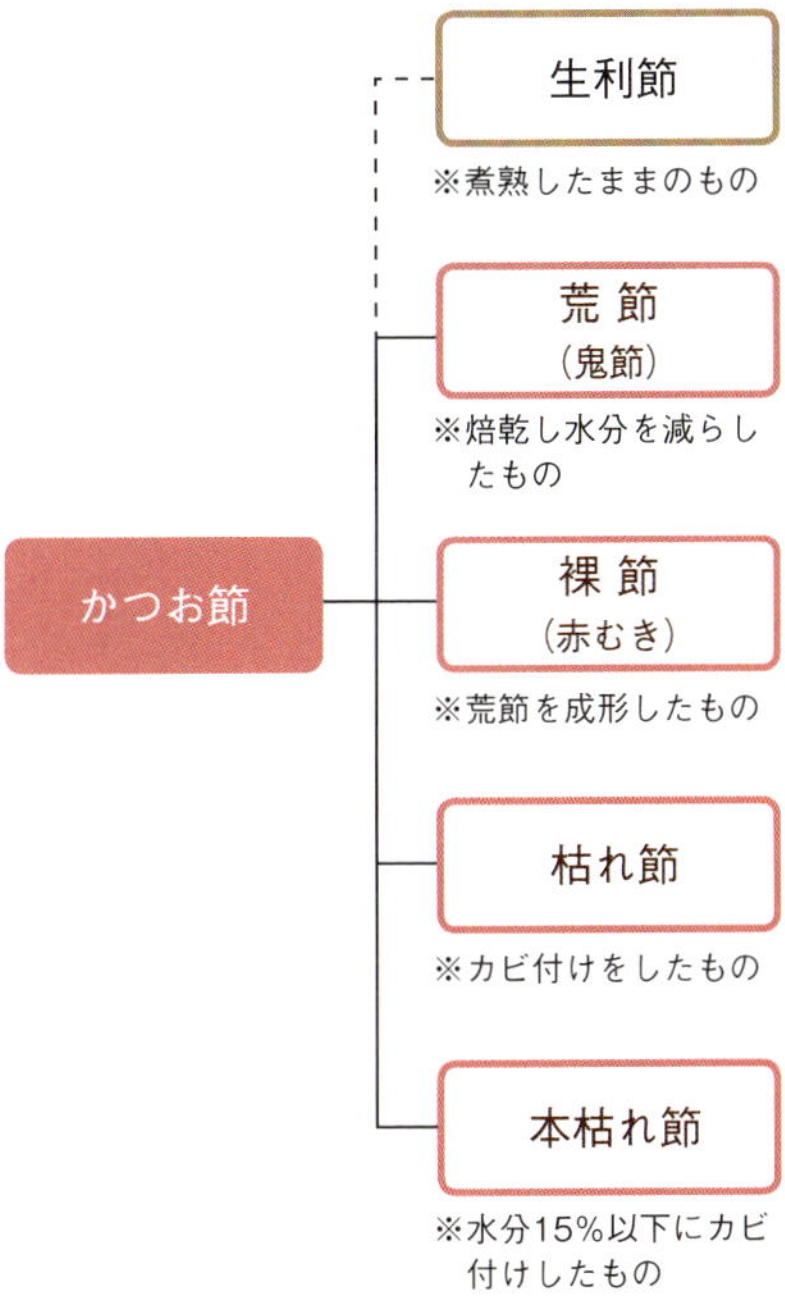
かつお節
生利節
※煮熟したままのもの
荒節
（鬼節）
※焙乾し水分を減らしたもの
裸節
（赤むき）
※荒節を成形したもの
枯れ節
※カビ付けをしたもの
本枯れ節
※水分15％以下にカビ付けしたもの

かつお節の削り方

昔はどこの家庭にもあった、かつお節削り器。今では“削りたて”が贅沢な時代になっています。しかし、だしを極めるのなら、やっぱりその都度、かつお節を削ってだしをとるに限ります。

削り器を使う場合は、使うかつお節同士を打ち合わせてみて、高い金属音がするものほど、よいかつお節です。まわりにカビが付いている枯れ節は、削る前にぬれたふきんで拭きます。

削る際は、削り器の刃先を自分のほうに向けて（台尻を手前に置く）、かつお節の尾側を先にむけます。あまり力を入れないように押し出すように削るとうまくいきます。

百聞は一見に如かず、ぜひ、かつお節削り器を手に入れてトライしてみてください。

bonito

削り節の種類

かつお節を薄く削ったものが「削り節」です。お湯に入れてとり出すだけで、瞬時においしいだしがとれますが、削り方によってだしの味わいが変わります。さまざまな削り節の特徴を覚えておくと便利です。

がっつりした
味わいのだしに

厚削り

かつお節を0.2㎜超に削ったもの。薄削りよりもだしをとるのに時間がかかりますが、力強く濃い味のだしをとることができます。そばやうどん、ラーメンなどのつゆや、煮物、おでんなどに適しています。

さっとだしが
とれて便利

薄削り

かつお節を0.2㎜以下に薄く削ったもの。少量でも香りが高く、短時間に効率よくだしをとることができます。逆にいうと、一瞬でだしがとれるため、長い間煮込んだり、むやみにかき回したりすると、好ましくない雑味が加わってしまいます。薄削りでだしをとる場合は、なるべくかき回さずにさっと浸してとるようにします。

糸削り

かつお節を糸状に削ったもの。料理にふりかけて使います。ふわっとした食感とうまみが特徴です。

破片削り

薄削りの破片。香りが高く口あたりがソフトなので、お浸しなどにふりかけて味わいます。

削り粉（粉末）

お浸し、みそ汁、ふりかけなど、そのまま料理にトッピングして使います。

ソフト削り

一般的な薄削りよりも、さらに薄削りの破片。薄削りと同様に使用することができます。

関東と関西で好みが分かれる

かつお節の選び方と、保存方法

ポイント

関東好みの「枯れ節」、関西は「荒節」

かつお節の選び方ですが、実は、関東と関西では明らかな違いがあります。関東では最高級とされる「本枯れ節」は、カビ付けを繰り返すことによってたんぱく質が分解され、うまみと独特の香りがあります。しかし、関西では、かつお節の香りに重きをおく傾向があり、カビ付けを行わない「荒節」が好まれます。

とはいえ、関西でも荒節を好むのは大阪であって、京都では昆布だしが主流となっています。京都は「みやび」の文化といわれますが、これに対する江戸（関東）は「いなかび」の文化と思われていたのかもしれません。

ポイント

削ったらすぐに使い切ろう

かつお節の香りは揮発性のものですので、削るとどんどん香りが飛んでしまいます。「節」から削った場合は、30分ほどすると酸化がはじまり、1時間おいたらかなり劣化してしまいます。参加したかつお節は、色もくすんでしまいますので、必要な量だけを削り「生もの」だと思ってその場で使うようにしましょう。万が一、削りすぎて余ってしまった場合は、冷凍庫で保存しま

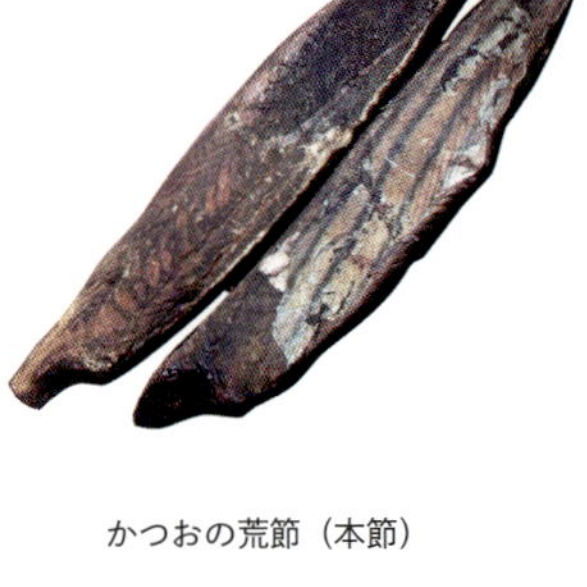
かつおの荒節（本節）

かつおの枯れ節（本節）

専門店ではカツオだけでなくさまざまな節を扱う

す。

削っている途中の「節」の保存は、筒形の缶などに入れて、常温で保存できます。

冷蔵庫や冷凍庫で保存する場合は、乾燥や表面の酸化を避けるため、しっかりと空気を抜いた上で、においがつかないようにポリ袋などに入れましょう。

ポイント

かつお節のルーツは、硬魚《かたうお》？

日本最古の文献の『古事記』には、「堅魚」として固く干した魚の記述があります。つまり、カツオとはカタウオから転じた名で、かつお節のルーツと考えられます。

その後の時代にも、煮て干した「煮《に》堅魚《かたうお》」など、カツオの加工品と思われる名前は文献に見られます。

かつお節の製法が一気に発展したのは江戸時代のこと。

紀伊の国（和歌山県）の漁師がかつお節を作りだしたと伝えられています。そして土佐（高知県）で「焙乾」の技術を残し、土佐藩はこれを秘法としました。

その後、カビ付けの技術も生まれ、江戸時代後期には、江戸のかつお節問屋と伊豆の生産者の協力によって「本枯れ節」も開発されました。

鎌倉時代の武士は、「勝男武士」の漢字をあてて縁起をかつぎ、かつお節を携帯していたそうですが、関東では武士の精神とともに、うまみの凝縮しただしに親しみを覚えるのかもしれませんね。

料理に合わせて使いやすいかつお節を選んで

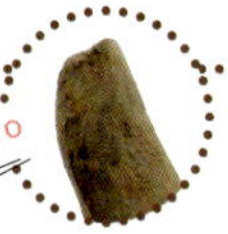
bonito

家庭でも使いたい！ さば節、あじ節etc

かつお節以外の節

かつお節のほかにも「節」になる魚があります。「さば節」「まぐろ節」「あじ節」「いわし節」などです。一般家庭の料理にも気軽に使える「節」ですので、ぜひお試しください。

濃厚なので
うどんやそばのつゆに

宗田節

ソウダガツオ（マルソウダガツオ、ヒラソウダガツオの混称）を原魚とした節です。高知県の西部に位置する土佐清水市が、有名な生産地です。濃厚なだしが出るため、中部・関東地方では、かつお節やさば節と混合し、うどんやそばのだしとしてよく使われます。

かつお節だしと合わせて
よく使われます

さば節

主にゴマサバを原魚とした節です。脂肪が多く、鮮魚や切り身として食べられることの多いヒラサバも、脂肪が少ない時期には節にすることもあります。東京よりも南の海や、九州近海で漁獲されたものが使われます。むろあじ節と同様に、だしの味にコクを出すときによく使われます。

さんま節

サンマを原魚した珍しい節です。おもにラーメンのだし素材として使われることが多く、サンマならではの脂肪分の多い割に、節としての淡白な味わいのある複雑な味わいのだしがとれます。

鮭節

サケを原魚した節で、北海道で生産されています。うま味成分のグルタミン酸がかつお節の約３倍という、非常に凝縮されたおいしさのだしがとれます。

煮干しとは異なる
甘みのあるだしに

いわし節

カタクチイワシを原魚とするのが一般的ですが、ウルメイワシ、マイワシから作ることもある節です。おもに関西で使用され、煮物、うどん、味噌汁など幅広い料理に合います。カタクチイワシの多くは煮干しとなるため、節は珍しいです。ウルメイワシは、有頭のものや「ポックリ」（頭はなし、内臓はそのまま）に仕上げられ、甘みのあるだしがとれます。マイワシは有頭で仕上げ、丸みのある淡白な味わいのだしになります。

まぐろ節

キハダマグロを原魚とした節です。キハダマグロは、大型のものはキハダ、小型のものはキメジと呼ばれますが、同じ魚種です。だしは色が薄く、味は淡白で上品なため、日本料理でよく使われます。

むろあじ節（むろ節）

ムロアジを原魚とした節です。産地として知られているのは熊本県、鹿児島県ですが、近年の生産量は減少しています。中部地方のうどん店で使われることが多く、関東地方では珍しい節といえます。だしは黄色みを帯びていて、味はさば節よりもさっぱりしています。

黄色みをおびた
さっぱりしただし

だし素材のヒミツ

シイタケ

乾燥によって うまみも保存性もアップ

干しシイタケは、腐りやすい生のシイタケを乾燥させて保存したものです。

干しシイタケは、かさの開き具合によって「冬菇（どんこ）」と「香信（こうしん）」に分かれます。シイタケの品種の違いと思われがちですが、どちらも同じ菌から育つシイタケです。

薄くてかさの全開したこうしんは、その分戻りが早いです。急ぐときに便利ですし、比較的安いので、普段使いのだしに適しています。一方、肉厚などんこは、うまみ、香りともに優れている高級品です。

シイタケのうまみ成分は、グアニル酸です。生のシイタケのグアニル酸の量はほんのわずかなのですが、乾燥させることによって酵素が働き、グアニル酸が増えます。干すことによって保存に適するだけでなく、うまみも増えて、おいしくなります。干しシイタケの独特の香りの成分も、乾燥させることでアップします。

国内で流通する干しシイタケの約60%は輸入のもので、特に中国産が多く出まわっています。中国産は、国産干しシイタケの3分の1～4分の1程度の価格で販売されています。国内の主な産地は、大分県や宮崎県、熊本県、愛媛県、岩手県などです。

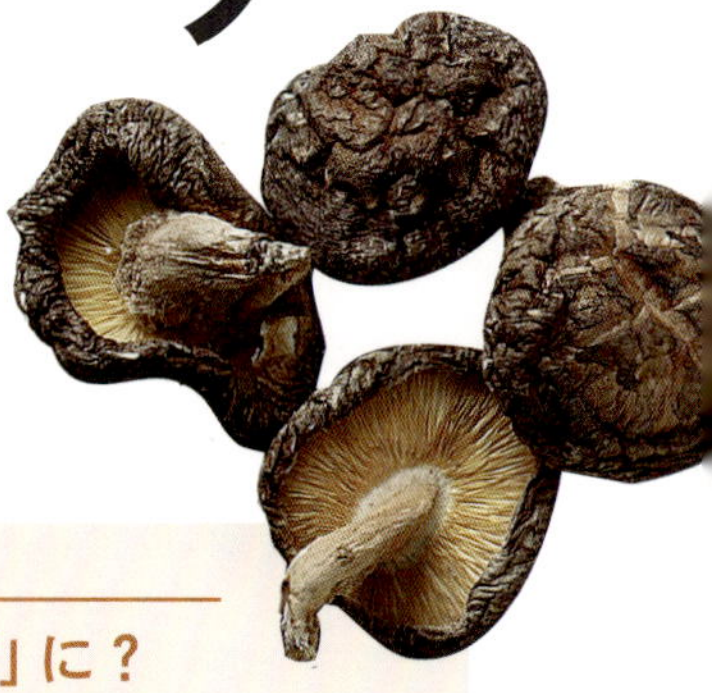

「椎《シイ》」の木に生えていたから「椎茸」に？

天然のシイタケは、シイやコナラ、クヌギなど広葉樹の枯れ木や倒木に生えて、その養分を吸収して育つキノコです。漢字で「椎茸」と書くのは、「椎」の木によく生えていたから、という説があります。このほか、育て方によっては四季を通じて発生させることができるので「四季茸」が転じて「シイ（キ）タケ」になったとも。

また、シイタケは「どんこ」「こうしん」のほかに、発生する季節によって「春《はる》子《こ》」（2～4月）、「藤子《ふじこ》」（藤の花が咲くころ）、「秋子《あきこ》」「冬子《ふゆこ》・寒子《かんこ》」などとも呼ばれます。

国産干しシイタケはほとんどが原木伐採です

干しシイタケの作り方は、クヌギ、コナラなどの
原木に種菌を植え付ける「原木栽培《げんぼくさいばい》」と、おがくずなどにふすま、
ぬか類をまぜて人工的に作った菌床で栽培する「菌床栽培《きんしょうさいばい》」があります。

1 原木伐採・植菌《しょくきん》

晩冬から春にかけて、ナラやクヌギなどの原木に穴をあけて、シイタケの菌を加工したタネを植えつけます。

タネを植える

2 仮伏《かりふ》せ・本伏《ほんふ》せ

植菌したシイタケの菌がよく繁殖するように、原木を横にして並べます。雨が当たり、直射日光があたらない、適度に風通しがよい場所が適しています。

菌を繁殖させる

3 天地返し・ほだ起こし

菌が均一に繁殖するように、上下裏表を入れ替えます。菌が内部に繁殖した原木を「ほだ木」と呼び、植菌してから約２年目の秋に、ほだ木が重ならないように立てかけます。

ほだ木を立てかける

4 発生と収穫

植菌から２年目の秋から春にかけて、収穫します。雨の日を避け、ひだに触らないように根本から収穫します。

秋から春に収穫

5 乾燥・選別

収穫した日のうちに、ひだを上にして重ならないように並べて干します。人工的に高温の風を当てるなら12 ～ 20時間、天日乾燥なら５～６日かけて行います。

重ならないように乾燥

傘が開くと名前が変わる！

干しシイタケの種類

傘の開き方によって「どんこ」「こうしん」に分けられる干しシイタケ。形だけでなく、サイズ別にも細かく規格が決められています。料理によって使いやすい大きさや形状を選ぶのがポイントです。

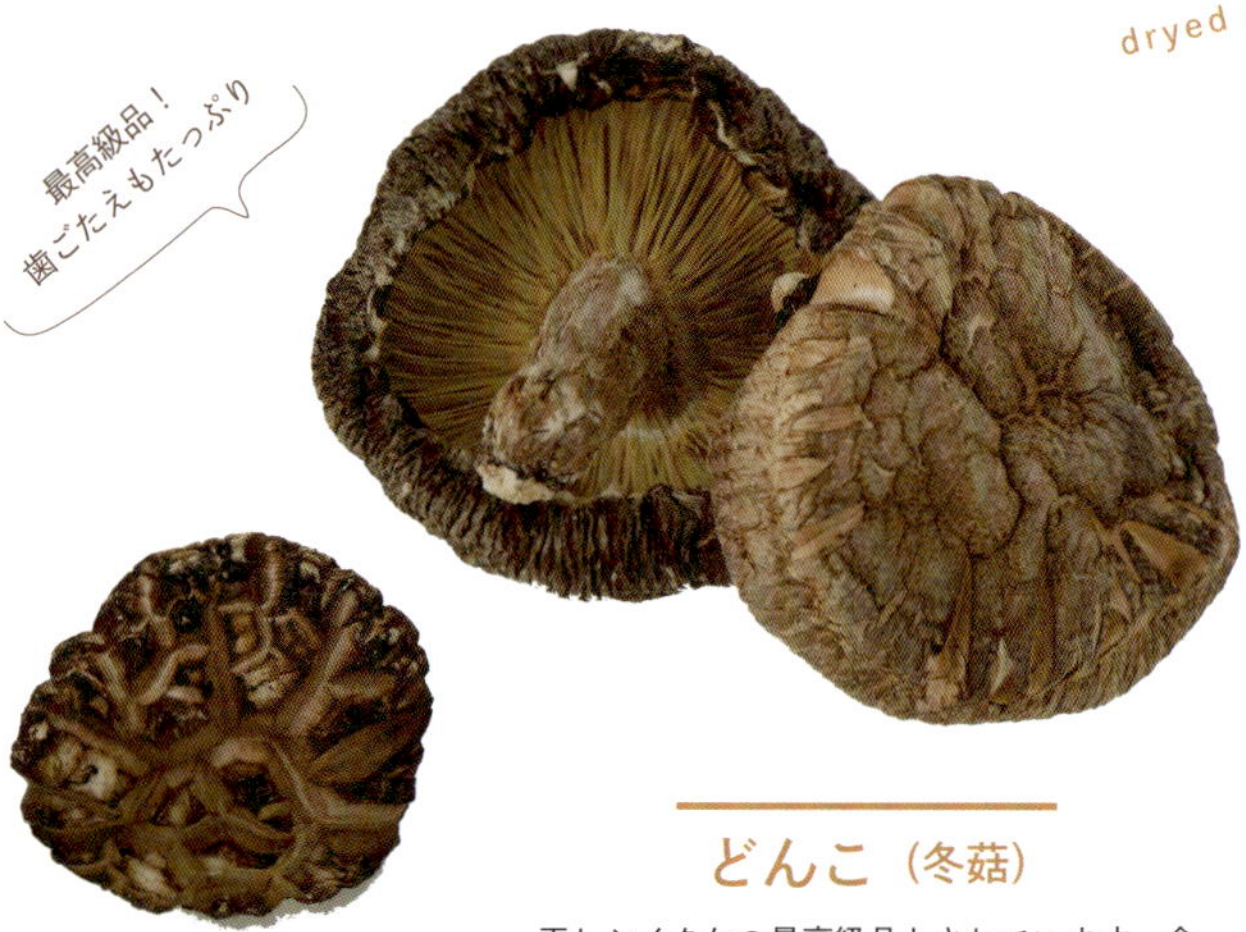

最高級品！
歯ごたえもたっぷり

どんこ（冬菇）

干しシイタケの最高級品とされています。傘が7分開き以前の状態で収穫します。傘の肉が厚く、縁（耳）が内側に巻き込み、全体的に丸みを帯びています。

厚みと歯ごたえが特徴で、雑煮や茶碗蒸し、中華炒め、肉詰め、鉄板焼きなど、乾しいたけの形を楽しむ料理に使われます。

主な産地は、大分県、宮崎県、岩手県など。

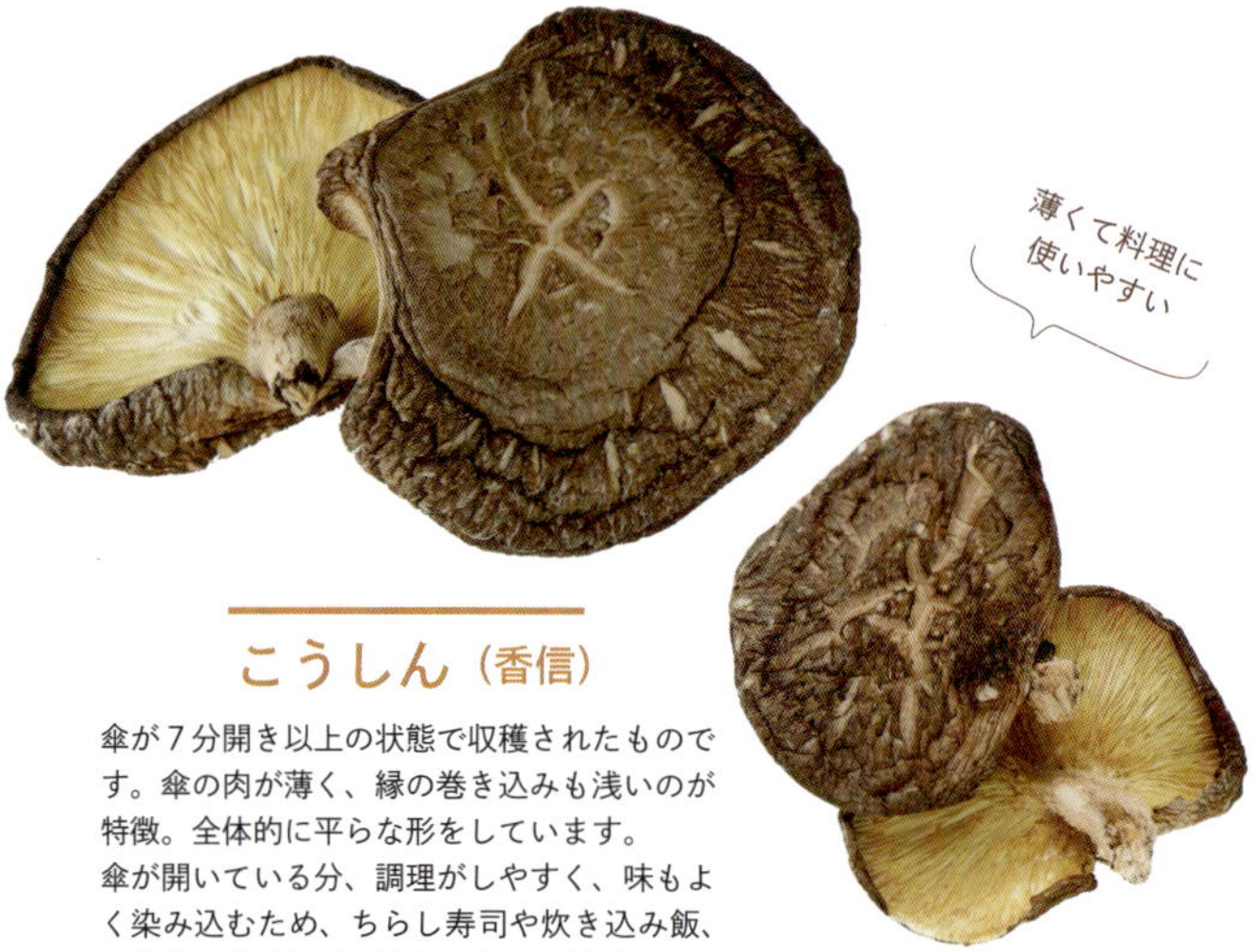

薄くて料理に
使いやすい

こうしん（香信）

傘が7分開き以上の状態で収穫されたものです。傘の肉が薄く、縁の巻き込みも浅いのが特徴。全体的に平らな形をしています。

傘が開いている分、調理がしやすく、味もよく染み込むため、ちらし寿司や炊き込み飯、和え物、餃子など、ほかの食材と味を引き立てあう料理に使われます。

主な産地は、大分県、宮崎県、岩手県、静岡県、栃木県など。

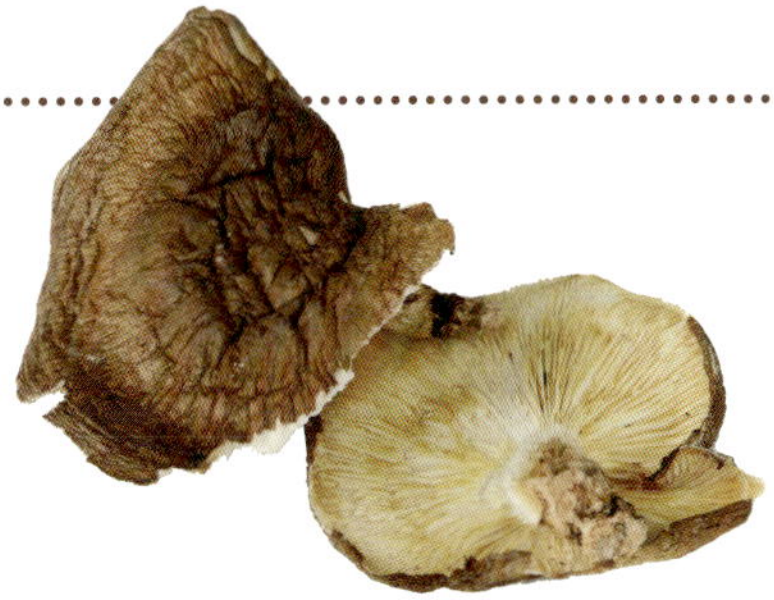

こうしんバレ

乾しいたけの傘が大きく開いて薄くなった状態のものを「こうしんバレ」「バレ」と呼びます。厚さが薄いので戻りが早く、スライスがしやすいため、薄く切ったり細かく切ったりする料理に使われます。

花どんこ

傘の表面に美しく亀裂が入ったものを「花どんこ」と呼びます。さらに亀裂が茶色のものを「茶花《ちゃばな》」といい、白い亀裂が入ったものを「天白《てんぱく》」と呼び分けます。茶花は、希少価値が高く、値段も高めなことが多いです。

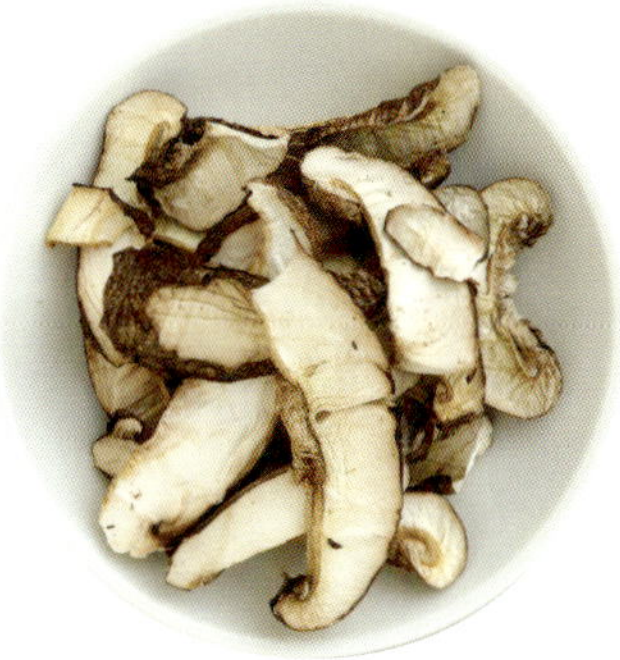

スライス

こうしんをあらかじめスライスして乾かしたもの。薄いので非常に戻りが早く、使いやすいのが特徴です。
乾しいたけをおいしく食べるためには、なるべくゆっくりと戻すのがコツですが、スライスしいたけは短時間で使うことができます。

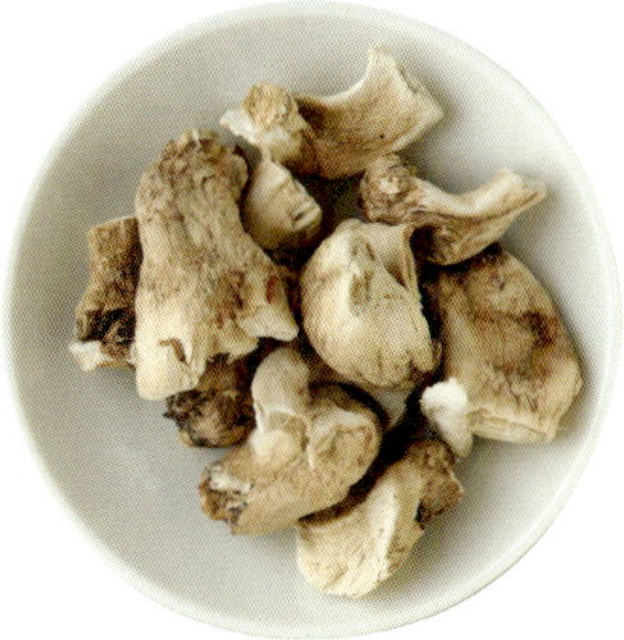

あし（＝軸）

乾しいたけの軸の部分を「あし」と呼びます。中国では、傘の部分と軸の部分と分けて売られたりもしています。あしの部分もよいだしが出ます。佃煮など、その形と厚みをいかして歯ごたえを楽しむ料理に使われます。

だしをとったあとの干しシイタケは、具としても食べられる

服部先生の視点！

干しシイタケの選び方、おいしいだしのとり方

- かさが開きすぎていないもので、身が締まっている。
- かさの表面は茶褐色で、しわが少なくツヤがある。

- 軸が短く、裏側が黒ずんでいない。
- しっかり乾燥している。
- ふちがきれいに巻きこんでいる。

乾燥時の温度がポイント！

干しシイタケを選ぶのに、大事なポイントの一つは「水戻しの良いもの」を選ぶことです。これには、シイタケを乾燥させる温度がかかわります。

シイタケは繊細な組織からできているので、熱で簡単に変質してしまいます。具体的に50℃以上の熱を受けて乾燥させたものは、水に戻してもソフトなシイタケには戻りません。

好ましい条件は「自然乾燥品、または40℃以下の低温乾燥、しかも通風乾燥」させたものです。この場合、30℃のぬるま湯で１時間戻すと水を吸収して、約10倍の重さに膨らみ、しかもソフトに仕上がるのです

見た目は、高温乾燥させたものの方が整った形なのですが、少々いびつでも自然乾燥の干しシイタケのほうが、戻した時の歯ざわりもよく、ジワリとうまみが感じられます。

また、戻すときに水温は20 ～ 40℃が最適です。50℃以上になると、熱変質が起きてシイタケの膨らみが悪くなります。戻す時間は、最低１時間は必要です。

深く知るだし素材のストーリー

干しシイタケの歴史と旬

干しシイタケは、日本料理のルーツの一つ、精進料理のだしをとるために欠かせないものです。もともとは自生しているシイタケを収穫していたため、武士や裕福な人々など限られた層しか食べられない食材でした。

江戸時代にようやく栽培が普及しましたが、庶民が日常的に口にできるようになったのは、昭和に入ってからのこと。シイタケ栽培は、天候や木の種類などにより雑菌が繁殖しやすく、運に左右されるところが大きかったからです。

昭和に入ると、種菌を培養して原木に植えつける原木栽培の方法が開発され、生のシイタケも、干しシイタケも生産は世界のなかで日本の独壇場でした。しかし、1980年代に中国で菌床による栽培技術（菌床栽培）が生み出され、近年では、中国が最大のシイタケ栽培国となっています。

ちなみに、干椎茸は保存食で「旬」とは関係ないと思われがちですが、実は旬があります。原木で育てたシイタケが採れる時期は春と秋。なので、干しシイタケの旬も春と秋なのです。

干しシイタケの生産高

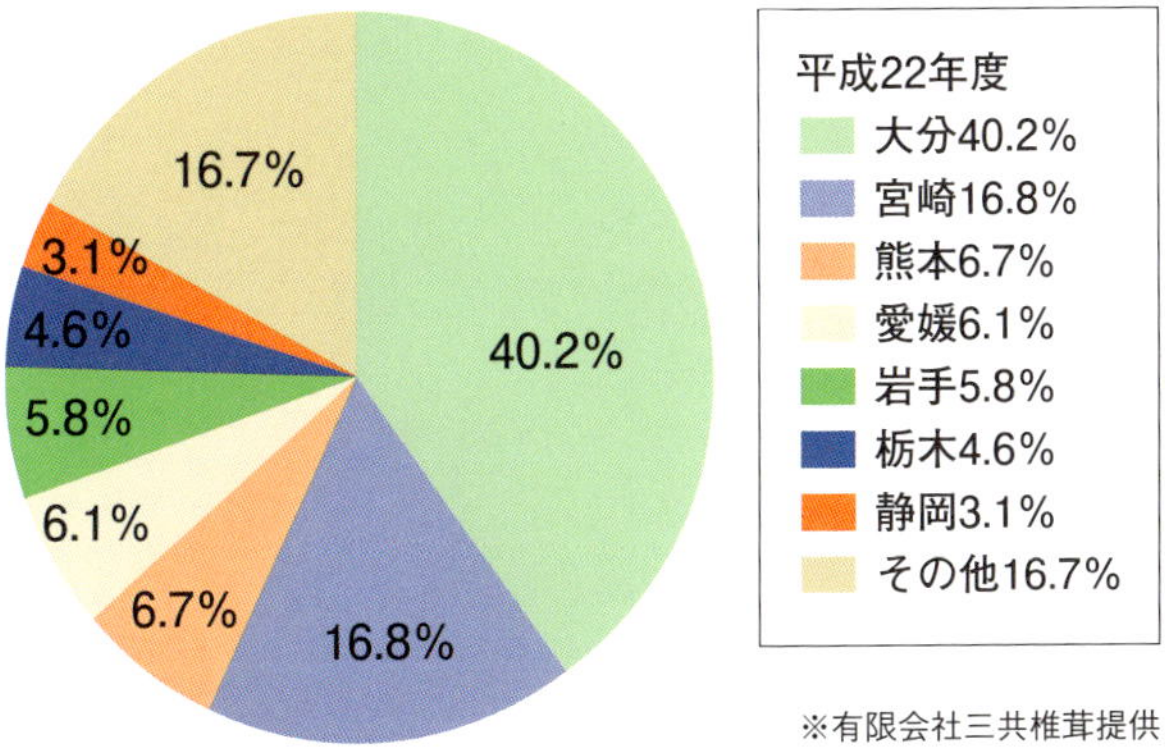

40.2%
16.8%
6.7%
6.1%
5.8%
4.6%
3.1%
16.7%
平成22年度
大分40.2%
宮崎16.8%
熊本6.7%
愛媛6.1%
岩手5.8%
栃木4.6%
静岡3.1%
その他16.7%

※有限会社三共椎茸提供

だし素材のヒミツ

煮干し

庶民派の力強いだし素材

家庭での朝のみそ汁やうどん、ラーメンのだしとして使われる煮干し。郷愁を誘う「おふくろの味」のイメージが大きい、身近なだしの素材です。その起源については、まだ明らかになっていませんが、おもに原料となるイワシは、全国で大量にとれることから、庶民にとって貴重なたんぱく源として親しまれてきました。

煮干しとは、文字通り「煮て干した」もので、その原材料は、いろいろな魚類を使います。カタクチイワシの稚魚をゆでて、天日で乾かしたものが一般的ですが、サバ、小アジ、イカナゴ、小エビなどの煮干しもあります。

魚類を煮ることによってたんぱく質が固まりうまみが増す一方、脂肪分を流してしまうので「節」類に比べてコクは少なめです。力強いうまみとすっきりした味わいが特徴となります。

最近は、ラーメン店で使うだし素材として、サンマの煮干しや焼きアゴも話題となっています。焼きアゴというのは、トビウオの焼き干しのことです。焼き干しは、漁獲後に内臓をとり除いてから炭火で焼いたり、あぶったりした後に干したものです。焼き干しにはハゼも使われます。トビウオやハゼは煮干しにするよりも、焼いたほうがうまみが増して濃いだしがとれます。

地域や大きさで名前が変わるイワシの煮干し

「いりこ」「しらす」「じゃこ」など、さまざまな呼び方がありますが、実はこれ、すべて同じ「イワシの煮干し」です。

東日本ではイワシの煮干しを、単に「煮干し」と呼ぶことが多く、中国地方より南の地域では「いりこ」、京都や大阪では「じゃこ」といいます。ほかにも、和歌山では「いんなご」、九州の一部では「ごまめ」と呼ぶなど、地域によって名前が変わるのです。

さらに、イワシの煮干しのうち、稚魚を使った小さなものは「しらす」「ちりめんじゃこ」「じゃこ」と呼びます。このように大きさでも名前が変化します。

新鮮なうちに煮て乾かします

煮干しづくりは鮮度が命。漁獲した魚をいかに早く
洗浄、煮熟、乾燥するかが、おいしさの決め手となります。

1／漁獲

水揚げした魚は、鮮度を守るために氷などで冷やしながら加工場に運びます。

冷やしながら選ぶ

2／選別・洗浄

イワシなど原材料となるもの以外の魚をとり除き、洗浄します。ウロコなどもこの工程でとります。

ウロコをとり洗浄

3／煮熟《しゃじゅく》

イワシなどの原材料を大型のセイロに並べて、塩水で加熱します。熱を加えることで、うまみ成分のイノシン酸が分解されずに残ります。

セイロの上に並べて加熱

4／引き上げ

沸騰しすぎたり、加熱しすぎないことがポイント。適度に煮熟した魚を引き上げます。

適度なところで引き上げ

5／放冷・乾燥

煮た原材料を冷まし、天日や乾燥機で乾かします。できあがった煮干しは、大きさ別に梱包されます。

大きさ別に選別

Sardines

料理に合わせて選びましょう イワシ煮干しの種類

もっとも代表的なカタクチイワシの煮干しは、背の部分の色によって「青口」「白口」に分かれます。味わいも違いので、料理に合わせて使うのがポイントです。

青口は
力強い味わいに

白口は
あっさり上品に

カタクチイワシの煮干し

青口

最も代表的な煮干し。「イリコ」とも呼ばれます。背の部分が青黒いものを「青口《あおくち》」「青《あお》手《て》」といいます。白口に比べ、力強い味わいのだしになるため、ラーメンなどの濃い目の味付けにおすすめです。

白口

全体的に白みがあり、背の部分が淡い銀色のものを「白口《しろくち》」もしくは「白手《しろて》」といいます。甘みがあり、あっさりした上品な味わいです。

マイワシの煮干し

マイワシが原料。体が扁平で、ヒライワシの別名もあります。近年、マイワシが不漁なので、マイワシの煮干しの生産量も年々、減っています。カタクチイワシの煮干しに比べると、だしはあっさりしています。

ウルメイワシの煮干し

原料のウルメイワシは大群をつくらないので、漁獲量はあまり多くありません。全長5㎝くらいのものが多く、マイワシ同様、上品なコクで苦味がないのが特長です。

かえり煮干し

カタクチイワシの稚魚が原料です。稚魚の煮干しなので、脂肪が少なく、魚臭くないあっさりとしただしがとれます。特に瀬戸内のかえり煮干しは、内海の特性から充分に乾燥されても柔らかく仕立てるので、「食べる煮干し」としても人気です。

まだまだあります！

イワシ以外の煮干しの種類

イワシ以外にも、魚を煮て干したものを「煮干し」と呼びます。イワシ以外の代表的な煮干しと料理の相性を紹介します。

独特な味わい！
みそ汁にも◎

トビウオの煮干し

トビウオが原料です。上品な甘みと独自のおいしさのあるだしがとれます。味噌汁などいろいろな料理に使え、麺類や煮物にも使えます。

削り節と一緒に
ラーメンだしにも

アジの煮干し

アジを原料とした煮干しで、あっさりとしただしがとれます。その他の煮干しや削り節と混合して、ラーメンなどの麺類にも使われます。

臭みがなく
鯛飯にも使います

タイの煮干し

タイの煮干しは、すっきりとした臭みの少ないダシがとれます。鯛飯のだしにも使われます。

ホタテ貝柱の煮干し

貝柱の特長ある風味が楽しめる煮干しです。一般的に高級で中華風スープに最適です。

服部先生の視点！

Sardines

煮干しの選び方とだしのとり方

頭から尾まで形の良いものを

煮干しを選ぶときは、色、形がよく、しっかりと乾いたものを選ぶようにしましょう。赤茶色をしたものは避けます。鮮度が落ちたものを加工した場合、お腹が割れていますからひと目で分かります。

表面が青みをおびた銀白色で光沢があり、頭から尾まで整ったものがおいしい煮干しだしがとれます。

頭とワタをとるのは料理番組の影響！?

煮干しは臭みが気にならないように、頭とワタをとらなきゃならない、といわれるようになったのは、実は、戦後のことなのです。昭和30年代ごろからの傾向で、だんだんと煮干しだしの品がよくなってきたわけです。

実は、これはテレビで料理番組が始まったのと関係しています。放送で料理を品よく見せようとして始めたのが最初です。「え、あんなことまでやるんだ」と、インパクトを感じる新しい情報でした。今では、頭やワタをつけたまま使うと「手抜き」のイメージになってしまいましたが、昔は全部使っていました。

だしをとる場合は、臭みが気になる場合は頭やワタをとって、その後、うまみがよくでるように身を二つに割って水につけておくとよいでしょう。これを火にかけて、沸騰したら火を弱めます。あくをすくいながらしばらく煮て、火をとめてからこします。

服部先生の視点！

うまみ倍増のセオリー

昆布、かつお節、シイタケを組み合わせると、うまみが30倍にもアップしただしがとれます。服部先生お気に入りのちょっと濃い目の「基本のだし」の作り方を教えてもらいました。

○材料

水…500cc
昆布…5センチ
シイタケ（生）…3～4枚
かつお節（削り節）…15グラム

○作り方

❶ 水に昆布を入れて、一晩おく。
❷ ①にシイタケを入れて、火にかける。
❸ 沸騰したら昆布をとり出して、少し水を加えて温度を下げてから、かつお節を入れる。
❹ 火を止めて、ザルなどでこす。

かつお節1に対して昆布1を加えると、うまみは7・5~9倍にもなります。さらにシイタケを足すと、だしのうまみは30倍に増す組み合わせです。

この基本のだしに、醤油とみりんを「46：14：10」の割合になるように鍋に入れ、軽く煮立てて冷まします。これでおいしい天つゆができます。ダイコンおろしとショウガを軽くしぼって添えると、いっそうおいしくなります。

ただし、この昆布・かつお節・シイタケのだしがオールマイティかというと、そうではありません。たとえば、アワビは生息している環境から考えると、エサがノリやワカメです。なので、昆布のだしのほうが合います。かつお節を使ってしまうと、かつお節の香りが勝ってしまって、アワビのおいしさが引き立ちません。

料理には相性がありますので、だしと素材の組み合わせをいろいろと試してみるのが、料理のセンスを磨くことにつながるのです。

etc.

関東と関西のだし文化

雑煮の味から見た、地域で異なる味わい

関東はかつお節、関西は昆布のだし文化

だしの素材のかつお節のパートで触れましたが（P98）、同じ日本でも関東と関西では、味付けやだしの好みが違います。

だしでいうと、本来、関西は「昆布だし文化」、関東は「かつお節文化」です。関西が昆布だし文化なのは、昆布が奈良時代から朝廷の献上品だったという長い歴史があるからです。

一方、関東にはほとんど昆布は入ってきませんでした。江戸時代の前半に、かつお節の製法が一気に発展したと同時に、南蛮貿易によって長崎を玄関口に砂糖が江戸に盛んに運ばれるようになりました。江戸は、政治の中心なだけでなく、経済の中心でもあったため、豪商が高い値段で物資を買ったため、新しいものは江戸に集まってきたわけです。

こうしたことから、江戸では、それまでの上方（＝関西）の食文化から、かつお節と砂糖、醤油を味つけのベースとする独自の食文化が生まれました。

日本全国、地域の味がある「だし」や塩梅

味の好みは、その地域に暮らす人々をとりまく環境で変わってきます。

特に日本列島は南北に長く、明確な四季や海、山、里など表情豊かな自然が広がっており、食も、新鮮で多様な海の幸・山の幸に恵まれています。また、正月やお盆などの年中行事や宗教と深くかかわった食習慣が息づいています。

そのなかでも、1年の初めの元旦に食べるお雑煮には、各地の地域性がよく表れます。お雑煮は平安時代初期に、年神さまに供えたモチや、ニンジン、ダイコンなど旬の食材を食べやすい大きさに切って、一つの鍋に入れて煮こみ、その年の無事を願って食べたのがはじまりと言われています。

お雑煮のだしは、関東から北や山陽

地方、九州の「すまし文化」、中部地方の「赤みそ文化」、京都や大阪など関西の「白みそ文化」、山陰地方などの「小豆汁文化」など、地域によって特徴があります。また、具となる肉、魚、野菜や、モチの形などにも、地域別の特徴が見られます。

　このように、関東、関西に限らず、九州、北海道、中部、東北、北陸……と、それぞれの地域の味わいがあります。

　関東の味に慣れてしまっていると、関西の味を薄く感じたり、反対に関東のうどんは濃口醤油を使っているため、関西の人は濃いつゆの色を見るだけで尻込みすることもあったり。実は、関西でよく使う薄口醤油は塩分が高いため、見た目は薄い色のつゆでも、食べたら塩辛かったということもよくあります。

　このように、だしや味つけの塩梅のバランスは、地域によってさまざまです。

日本各地のお雑煮マップ

すまし汁文化圏
みそ仕立て文化圏
小豆汁文化圏
福井県
昆布とかつお節のだしに味噌で味つけし、煮た丸餅とカブ、カブの葉を加えた雑煮。味噌は赤味噌か白味噌どちらか。
北海道
北海道は各地から入ったお雑煮が混在する。特産のイクラ、サケを使った「親子雑煮」も多い。
島根県
醤油味のすまし汁に煮た丸餅が多い。出雲地方は「小豆雑煮」と呼ばれ、具はなくぜんざいのような雑煮。
岩手県
焼いた角餅に醤油味が一般的。一部の地域では、具に豆腐やゴボウなどが入り、ごまだれやクルミだれにつけることも。
福岡県
あごだし、昆布、鶏肉だしなどで味付けは醤油味。かまぼこの他、九州北部では餡入り餅を入れる地域も。
東京都
かつお節でだしをとり、醤油で味付けしたすまし汁に焼いた角餅を入れる。具は鶏肉、小松菜、かまぼこなど。
香川県
白味噌仕立てに餡入り餅を入れた「あんもち雑煮」が個性的。具はダイコン、ニンジン、サトイモなど。
京都府
昆布でとっただしに白味噌で味つけし、煮た丸餅を入れる。すまし汁のところや、元旦は白味噌で2日はすまし汁にする地域もある。

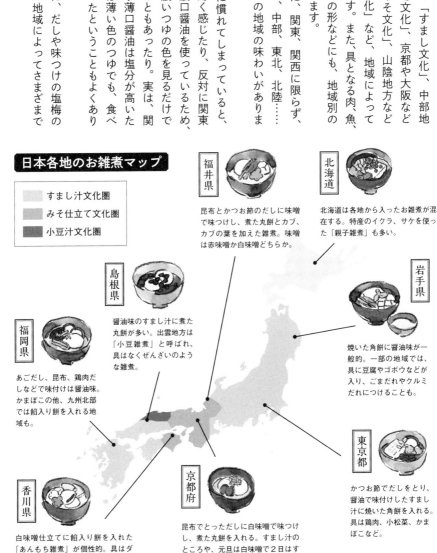

etc.

目的によって使いわける「節」

そば、うどん、煮もの etc

関東好みの「宗田節」、名古屋で使われる「むろあじ節」

だしには、日本全国で地域ごとの味わいがあることに触れましたが、それをもっともよく感じられるものが、かつお節やそれ以外の「節」のだしです（P100、101参照）。

日本各地で、だしの原料となる節が作られています。これらを使う料理にも地域性が表われるのです。

例えば、関東のそば屋では、特に宗田節を使っただしが好まれます。そばのだしは、醤油、砂糖、みりんから作った「かえし」とだしを合わせて作ります。かえしには、醤油をたくさん使うので味が濃くなります。このため、合わせるだしもある程度の強さが必要なのです。そこでわざと苦みのあるだしを好む傾向があるのです。ムロアジから作られる「むろあじ節」は、主な産地は九州ですが、名古屋のきしめんのだしなどによく利用されています。だしの色はやや黄色みがかっていて、味は大衆的な風味がある「さば節」よりもさっぱりしています。

関西の「いわし節」、上品なだしの貴重品「まぐろ節」

煮干しにすることの多いイワシも、関西では「いわし節」にして料理に使うことがあります。煮熟したものを干さずにそのまま節に加工するので、かび付けされたものはほとんどありません。甘みのある濃いだしがとれ、関西のうどんだしには欠かせないといわれてます。さば節と合わせたり、煮物、味噌汁、煮物などに使ったりします。

また、節類ではもっとも生産量の少ない「まぐろ節」も、日本料理ではよく使われます。キハダマグロの幼魚を使い、関東では「メジ節」、関西では「シビ節」と呼ばれています。透明感のあるほんのり甘いだしがとれ、吸い物などにぴったりです。また、削り節をそのまま食べる場合、まぐろ節は非常においしいです。

日本各地の節の産地と、おもに使われる料理

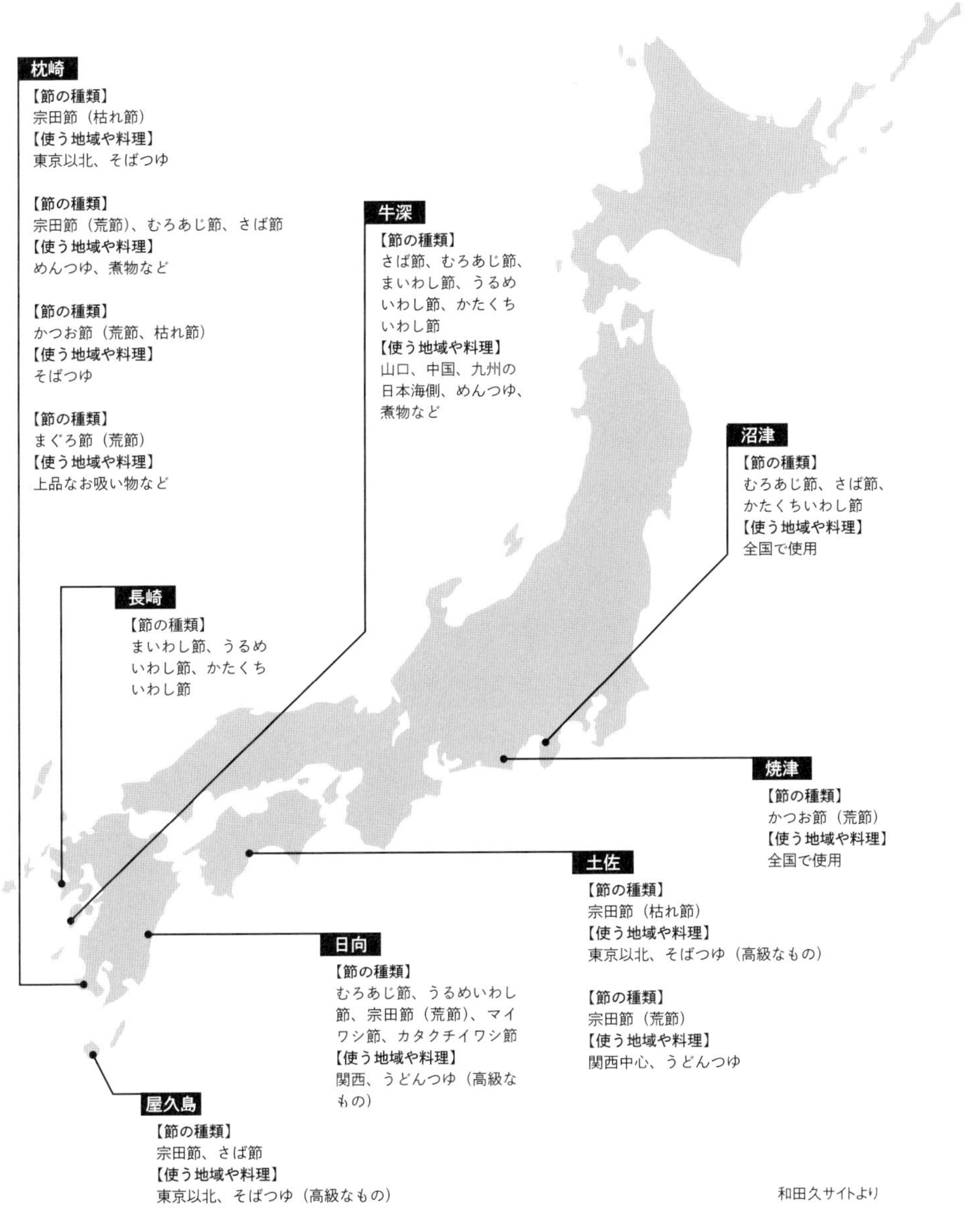
枕崎
【節の種類】
宗田節（枯れ節）
【使う地域や料理】
東京以北、そばつゆ
【節の種類】
宗田節（荒節）、むろあじ節、さば節
【使う地域や料理】
めんつゆ、煮物など
【節の種類】
かつお節（荒節、枯れ節）
【使う地域や料理】
そばつゆ
【節の種類】
まぐろ節（荒節）
【使う地域や料理】
上品なお吸い物など
牛深
【節の種類】
さば節、むろあじ節、まいわし節、うるめいわし節、かたくちいわし節
【使う地域や料理】
山口、中国、九州の日本海側、めんつゆ、煮物など
沼津
【節の種類】
むろあじ節、さば節、かたくちいわし節
【使う地域や料理】
全国で使用
長崎
【節の種類】
まいわし節、うるめいわし節、かたくちいわし節
焼津
【節の種類】
かつお節（荒節）
【使う地域や料理】
全国で使用
土佐
【節の種類】
宗田節（枯れ節）
【使う地域や料理】
東京以北、そばつゆ（高級なもの）
【節の種類】
宗田節（荒節）
【使う地域や料理】
関西中心、うどんつゆ
日向
【節の種類】
むろあじ節、うるめいわし節、宗田節（荒節）、マイワシ節、カタクチイワシ節
【使う地域や料理】
関西、うどんつゆ（高級なもの）
屋久島
【節の種類】
宗田節、さば節
【使う地域や料理】
東京以北、そばつゆ（高級なもの）

和田久サイトより

etc.

料理がおいしくなる！いろいろなだしの素材

だしがとれる素材は、まだまだたくさんあります。これらのだしは、料理に奥ゆきを与えてくれますので、上手に使い分けましょう。

あら

新鮮な魚のあら、つまり骨付きの身を水から煮出して、そのうまみをいかしてだしをとります。「潮汁《うしおじる》」は、あらだしで作った汁を指します。タイの頭やあらを使うのが一般的ですが、アマダイ、キス、ハマグリなどを使って、だし素材をそのまま具材にすることもあります。

カンピョウ

ユウガオの実の果実を細長く切って乾燥させたものが、カンピョウです。独特の甘みがあります。洗って水につけてだしをとります。干しシイタケとあわせて精進だし（植物性の材料からとっただし）にすることもあります。

ネギ類

タマネギ、長ネギ、ネギと同じユリ科の仲間のニンニクなど、ネギ類は鍋ものや炒めもの、汁ものに入れると、香りと甘みが引き立ってきます。

トマト

野菜のなかでは圧倒的にうまみ成分のグルタミン酸が多いのがトマト。イタリア料理の基本のソースには欠かせない、だしの役割をする野菜です。

根菜類

ゴボウ、ダイコン、ニンジンなどの根菜類も、煮るとおいしいだしがとれます。ゴボウの皮の部分は香りがよいので、こそげ落とさずに使うのがおすすめです。

肉類

肉はアミノ酸のかたまり。肉そのものからおいしいだしがとれます。また、骨もだしをとるのに重要な素材です。西洋料理、中華料理では肉類のだしがとても重要です。

油脂類

脂にはコクとうまみがあります。油揚げ、ベーコン、豚の背脂、ゴマ油、オリーブ油などは、香りもそえるだしと考えることができます。

part
5

世界のだし

フランスやイタリアなどの「西洋料理のだし」、
中国や韓国などアジアのだしは、
構造にどのような特徴があり、
どんな成り立ちとなっているのでしょうか。

western dashi

西洋料理のだし

フランス料理のだし、「フォン」と「ブイヨン」

　一般的に西洋料理では、素材自体が強いうまみを持つ肉料理が中心となるため、ことさらにだしを加える調理法は多くありません。しかしよりいっそう素材の風味を強調するため、肉料理には肉からとっただしを、魚料理には魚からとっただしを加える、というように、同じ材料からとっただしを使うことがあります。

　フランス料理であえて「だし」にあたる言葉をあげると、「フォン（fond）」と「ブイヨン（Bouillon）」があります。フォンは「基礎」「源」をあらわす言葉で、おもにソースのベースになります。これに対して、ブイヨンはスープのベースとして使われます。

　いずれも牛や鶏、魚などと野菜を組み合わせて作りますが、フォンは肉や魚、野菜と香草を一緒にし、長い時間をかけて煮出します。肉や魚の骨も使い、焼いたり炒めたりしてから煮出す茶色いフォン（fond brun）と、素材をそのまま煮出す白いフォン（fond blanc）があります。

　一方、ブイヨンはフォンと違って、材料に肉類の骨は入りません。丸鶏や牛すね肉に、タマネギやセロリなどの野菜を水から煮込んで、うまみをとり出します。

　また、フォンの仲間として「ジュ」があります。フォンが大量の材料を使ってたくさんの時間をかけるのに対して、ジュはフォンよりも少ない材料で作ります。煮詰めてソースにしたり、短時間で少量をつくれたりと、「家庭料理」のような発想で生まれた「だし」といえます。

➡p.50 フォン・ド・ヴォライユ
➡p.56 ジュ・ド・ヴォライユ
➡p.60 フォメ・ド・ポワソン
➡p.64 ブイヨン・ド・レギューム

フランス料理の「だし」の基本

フランス料理の「だし」にあたるのは、フォンとブイヨン。
使う材料によって「フォン・ド・ヴォー（仔牛のだし）」
「ブイヨン・ド・レギューム（野菜のだし）」などと、それぞれ名前が変わります。

だし

- フォン
  ソースのベースとなるだし。
- ブイヨン
  スープのベースになるだし。牛や鶏、野菜を煮込んで作った煮汁を指します。コンソメやポタージュの素に。
  - ◎肉+野菜のブイヨン
    - ・ブイヨン・ド・ブフ（牛）
    - ・ブイヨン・ド・ヴォー（仔牛）
    - ・ブイヨン・ド・ヴォライユ（鶏）
  - ◎野菜のブイヨン
    - ・ブイヨン・ド・レギューム（野菜）

フォン

- 白いフォン
  牛や鶏、野菜をそのまま煮込んで作る煮汁。
  - ◎フォン・ド・ヴォライユ（鶏のフォン）
  - ◎フォン・ブラン・ド・ヴォー（仔牛のフォン）
- 茶色いフォン
  肉や骨を焼いたり炒めたりしてから煮込んで作る煮汁。
  - ◎フォン・ド・ヴォー
- 魚のフォン
  白いフォンの仲間。白身魚と野菜を煮込んで作る煮汁。
  - ◎フォメ・ド・ポワソン
- フォンの仲間
  肉の骨や殻から短時間で風味を抽出。
  - ◎ジュ・ダニョー
  - ◎ジュ・ド・オマール

ブイヨン、フォンの二番だしを煮詰めたもの

- ◎グラス・ド・ヴィアン

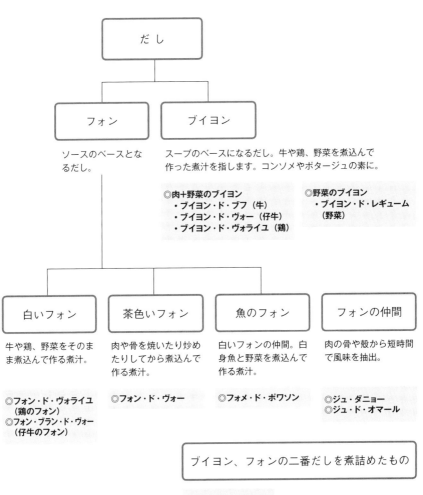

フランス料理の歴史と手法から知る「だし」の概念

濃厚なソースは、手で食事をするためだった！

　フランス料理のみならず、すべての西洋料理のルーツは、イタリア料理にあります。16世紀にイタリアのメディチ家のカトリーヌがフランスに嫁いだのがきっかけで、イタリアの宮廷料理がヨーロッパ各地に広がり、それぞれの土地で発展しました。そのひとつがフランス料理です。

　イタリア料理が入ってくるまで、ヨーロッパの人々はナイフやフォーク、スプーンという道具を使って食事をする概念がなく、手で食べていました。手でつかむことのできない液体を食べる場合は、パンに吸収させて口に運んでいました。だから、フランス料理のソースはパンに付けやすいように、どろっとしているのです。

　明治時代に日本に伝わったフランス料理のソースに、「ドゥミグラスソース」があります。昔ながらの洋食屋でおなじみのこのソースは、焼いてこげ目をつけた肉、骨、野菜を水から6～8時間煮ていきます。小麦粉も入っているため、非常にどろっとしています。

しかしスピード化が著しい現代では、店もそこまで手間をかけていられなくなりました。加えて濃厚な味わいが現代の食のニーズに合わなくなっていることから、本格的なフレンチの看板を構える店では、ドゥミグラスソースは使わなくなりました。

ドゥミグラスソースからフォン・ド・ヴォーへ

　代わりに1970～80年代から主流になったのが、ドゥミグラスソースほどの時間はかからない「フォン・ド・ヴォー（仔牛のだし）」です。フォン・ド・ヴォーは、新鮮な仔牛の肉と骨、新鮮な野菜を焼いてこげ色を付けて、それを水から長時間かけて煮出します。

　現在でも、フランス料理はフォン・ド・ヴォーが主流ですし、日本でも80年代からフランス料理店で盛んに作られるようになりました。とはいえ、日本でフォン・ド・ヴォーを作るには、問題がひとつありました。日本では仔牛の入手が難しかったことです。そこで、日本のシェフたちは、仔牛に代わる素材として鶏や魚を使い、「フォン・ド・ヴォライユ（鶏のだし）」や「フィメ・ド・ポワソン（魚のだし）」をよく作ったのです。

家庭でも手軽にとれるだし「ジュ」

とはいえ、ドゥミグラスソースもフォン・ド・ヴォーも、キロ単位の材料を、大きな鍋でじっくりと煮出すのは変わりません。なぜ、フランス料理のだしがここまで時間と労力をかけるかというと、もともとが宮廷料理であることに起因します。

とはいえ、こんなに手間がかかっては、家庭料理に向きません。そこで、少ない材料で短い時間でとれる家庭料理のような発想で生まれただしが、「ジュ」です。ジュは、英語でジュースのこと。材料は、基本的にフォンと同じですが、抽出する時間が短いので、仔牛よりも骨が小さい仔羊や鶏などを使います。できた「だし」は、フォンに比べて香りとゼラチン質が少ない特徴があります。

ブイヨンとコンソメは「スープ」の素

フランス料理でもうひとつ、「だし」に近い「ブイヨン」も、フォンと同様に材料の新鮮さが必要です。

作り方は、丸鶏や牛すね肉、タマネギ、セロリなどを一緒にゆでていきます。フォンと違って材料に肉類の骨は入りません。代わりにブイヨンには、牛すね肉のゼラチン質が溶け出すので、フォンよりもまったりとした濃いだしになります。またゼラチン質による輝きも出ます。タマネギ、ニンジン、セ

鶏を使った「フォン・ド・ヴォライユ」は、日本のフレンチシェフの間で人気に

野菜のうまみだけで作るだし「ブイヨン・ド・レギューム」

ロリ、キャベツなどの野菜だけで作るブイヨンもあります。

さらに、このブイヨンに牛すね肉のひき肉、細かく切ったタマネギ、ニンジン、セロリ、卵白を加えて煮出したものが「コンソメ」です。ブイヨンとコンソメも、肉と野菜を煮出すという点ではフォンやジュと同じですが、骨が入らず、おもにスープになると理解しておきましょう。フォンやジュは、おもにソースのベースになります。

ちなみに、フランス料理のスープを「ポタージュ」といいますが、ポタージュの分類には「クレール」と「リエ」があります。クレールはクリアの意味で透明なスープ。リエはリエゾン＝つなぐという意味で、とろみのついたスープのことです。

フランス料理のだしと日本のだしの違い

フランス料理の「だし」と日本のだしを比べた大きな違いは、〝だしをとる時間〟と〝材料の鮮度〟です。

日本のだしは、例えばかつお節は沸騰したところに入れてすぐに火を止めますし、昆布は沸騰する直前に火を止めてとり出します。また、日本のだしはかつお節も、昆布も、干しシイタケも、だしをとる以前の作る段階でたくさんの時間がかけられています。

新鮮な材料を使い、時間をかけて煮出していくフランス料理のだしと、時間をかけてうまみを高めた素材で短時間にとる日本のだし。同じ「だし」で

イタリア料理の「だし」

- だし
  - **スーゴ**：フランス料理のフォンにあたり、料理を濃くするために追加する
  - **ブロード**：米や肉、魚介、野菜などから煮出した煮汁

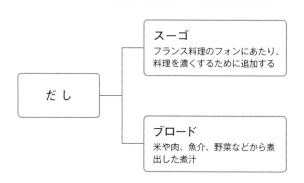

も、その考え方には大きな開きがあります。

トマトの煮込みは、イタリア料理のだし

　イタリア料理は、もともと豊富な野菜や魚介類をたっぷりの水で煮るのが基本です。イタリアのナポリはトマトの産地で有名ですが、ここで採れる「サンマルツァーノ」という細長いトマトは、うまみ成分のグルタミン酸を多く含んでいます。このトマトで煮込んだ料理はすなわち、だしで煮込んでいるのと同じです。まさに、おいしい「だし」そのものです。

　また、フランス料理の影響で、フランス料理のフォンにあたる「スーゴ」や、ブイヨンにあたる「ブロード」も作られるようになっています。

「ブイヨン」の系統

- bouillon《ブイヨン》
  スープ用のだし
  - potage《ポタージュ》 clair《クレール》
    澄んだスープ
    (Consommé blanc simple)
    コンソメの土台となるスープ
    - Consommé《コンソメ》 chaud《ショー》
      温かいコンソメ
    - Consommé《コンソメ》 froid《フロア》
      冷たいコンソメ
    - Consommé《コンソメ》 en《アン》 gelée《ジュレ》
      ゼリー状のコンソメ
  - potage《ポタージュ》 lié《リエ》
    とろみのついたスープ
    - purèe《ピュレ》
      野菜などの裏ごしでとろみをつけたスープ
    - bisque《ビスク》
      米のでん粉でとろみをつけたエビやカニのスープ
    - crème《クレーム》
      ベシャメルソースでとろみをつけたスープ
    - veloutè《ヴルーテ》
      バターと小麦粉のルーでとろみをつけたスープ

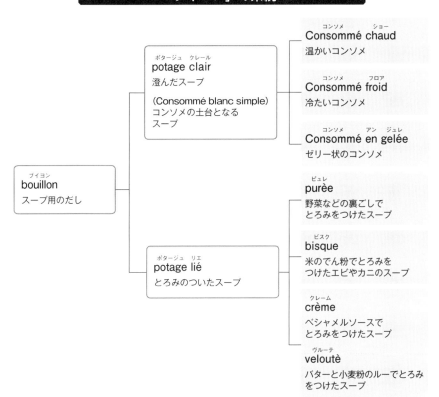

chinese dashi

中国料理のだし

中国料理のだし&スープ「湯《タン》」

中国料理でだしに相当する言葉は「湯《タン》」といいます。「湯」はだしであると同時に、スープの意味もあります。中国料理で「湯菜《タンツァイ》」というのは、スープ料理全般を表す言葉です。

中国料理で使われる「湯」の種類はたくさんあります。素材によってさまざまな名称がありますし、状態や格付け、地域によっても「湯」の作り方、位置づけも異なってきます。

というのも、中国は広い国土をもつ国だけに、自然条件や風俗・習慣の違いなどによって、料理も地方ごとの特色が色濃く表れるのです。また、たび重なる王朝の交代によって、新しい料理が生まれては消え、現在の中国料理は最後の王朝である「清《しん》」王朝の料理がベースとなっています。

地方による料理系統もさまざまですが、北京料理に代表される「北方系」、上海料理が知られている「東方系」、四川料理に代表される「西方系」、広東料理に代表される「南方系」の4系統に大きくわけるのが一般的です。

各料理の特色を知ることは、その地方の地理的な特徴や文化的な背景を知ることにつながっていきます。

日本で中国料理を食べる場合、同じテーブルの上に、広東風、四川風といった異なる地域の料理を並べて味わうこともあるでしょう。このため、中国料理の全般的な「湯」の知識を得ることで、より豊かに中国料理を楽しむことができるようになるのです。

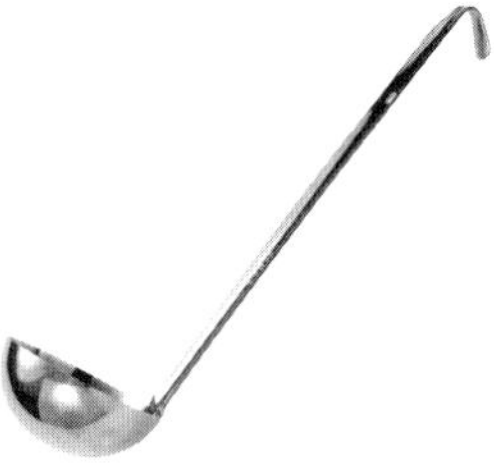

➡p.70 鶏がらスープ
➡p.76 ひき肉スープ

地方による中国料理の特色

**中国料理の基本となる４系統の料理、北京、上海、四川、広東。
それぞれの料理の特徴とは何でしょうか？**

北方系：北京料理

おもに黄河流域で発達。冬は寒冷で乾燥している土地柄で、カロリーの高いものが必要とされたため、醤油や味噌味が強く、油も多く使われ濃厚な味つけが特徴です。夏場はとても暑いため、酢を使ったさっぱりした料理が好まれています。

西方系：四川料理

長江上流の四川省、湖南省を中心とする一帯。内陸部にあり、西半分は寒冷な高地、東半分は周囲を山に囲まれた盆地です。食欲を刺激する辛さが特徴。寒暖の差が激しい盆地では、寒い時には体を温め、暑い時には食欲増進のために辛い料理をとり入れてきました。

南方系：広東料理

福建から広州にかけての沿岸部。広東は「ここで手に入らないものはない」というほど、多種多様な食材にあふれています。広東料理の特徴はあっさりとして、歯ざわりがよく、やわらかいこと。素材を生かす調理法が好まれています。

東方系：上海料理

長江下流の江南《コウナン》地方と呼ばれる地方。温暖で四季がはっきりした肥沃な土地のため、中国有数の米どころとして知られ、長江流域の水産資源にも恵まれています。上海は、中国有数の貿易港として世界に知られ、料理も国際色豊かで欧風のテイスト取り込まれています。

chinese dashi

材料や調理法で呼び名が変わる
中国料理の「だし」

動物性のだしと精進だし

「湯」を大きく分けると、「葷湯《フンタン》」と「素湯《スウタン》」に分けることができます。

「葷湯」は、鳥獣肉や魚介類からとった動物性のもので、鶏肉や鶏ガラ、豚肉、干し貝柱、干しエビなど、使う素材によって呼び名が変わります。

一方の「素湯」は、野菜などからとった植物性のもので、いわゆる精進だしです。日本で精進だしというと、昆布や干しシイタケを使っただしが思い浮かびますが、中国料理でも干しシイタケからとっただしがあります。ほかにも、ザーサイのだしや数種類の野菜からとるだしなどが知られています。干しシイタケ、豆モヤシ、昆布の3つの素材のセットからもおいしい素湯がとれます。

澄んだスープと、白濁した濃厚なスープ

だしに使う素材から葷湯と素湯に大別しましたが、ほかにもだしをコンソメスープのように澄んだものと、白く濁ったものとに大別する方法があります。

コンソメ系の湯には、「毛湯《マオタン》」「清《チン》湯《タン》」「紅湯《ホンタン》」があります。「毛湯」は、鶏ガラと豚の骨でとったもっともポピュラーな湯で、日本のラーメンも毛湯

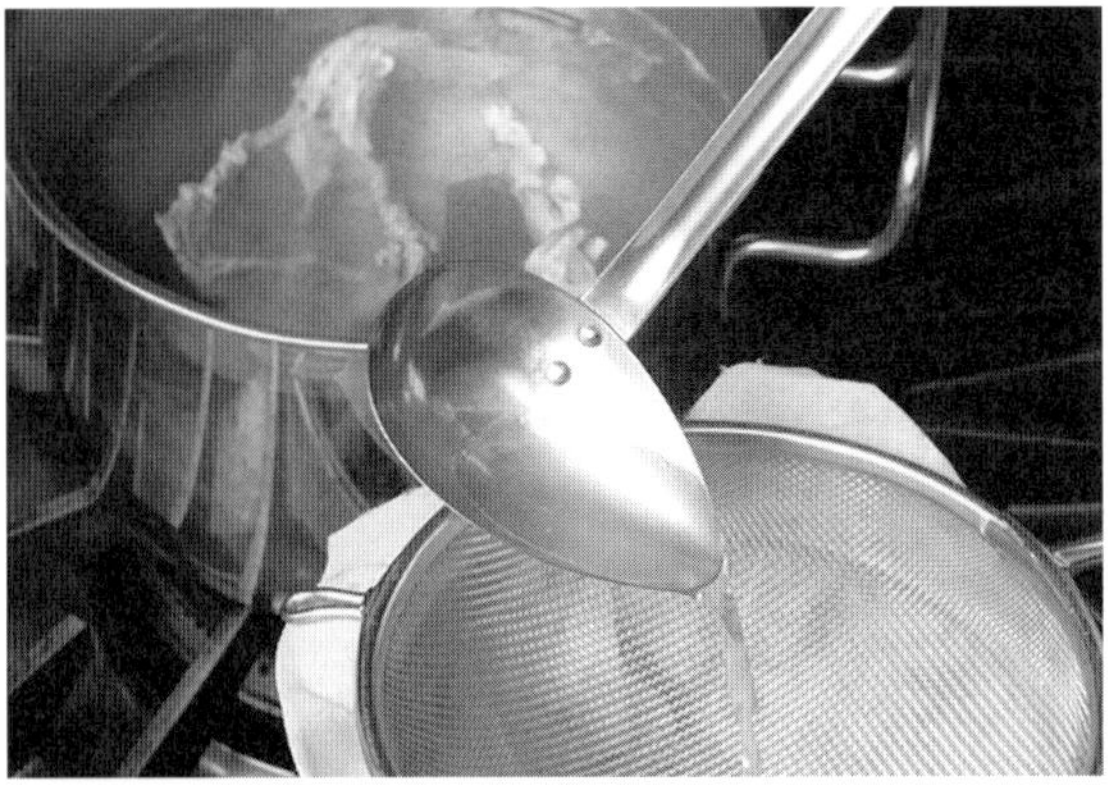

中国の湯はあくをとって澄んだものに仕上げるほど高級なスープとなります

をベースとしたものが多いです。ベーシックな澄んだラーメンのスープを思い浮かべると、分かりやすいでしょう。

毛湯をもっと澄ませて、脂も浮かず器の底が見えるくらいに透明度のあるスープにしたものを、「清湯」と呼びます。清湯がよく使われるのは、四川料理や北京の宮廷料理。鶏肉のひき肉やささ身など白身の肉を使って、何度も包丁でたたいてミンチ状にして毛湯に入れ、湯の濁りを吸収させて澄んだスープを作ります。うまみが充分にありながら、品がよく、奥行きのある味わいになります。

「紅湯」は中国ハムからとるスープで、上海料理でよく使われます。醤油を加えたような赤いスープが特徴で、実際に醤油を入れることも多いです。紅湯は牛肉などの肉料理とよく合います。

一方、白く濁ったスープを「白湯《パイタン》」と呼びます。豚の骨や脚、背脂などを沸騰状態で長時間煮出して、牛乳のように白濁させて作ります。骨の髄までエキスが出て、とてもコクのあるスープとなります。日本でも九州のラーメンが豚骨スープで知られていますが、「白湯」の文字通り白い色をしてます。うまみが強く濃度が高いので、魚や野菜の煮込み料理などに使うと味わいを補って濃厚な仕上がりになります。中国では、おもに北京の料理で使われています。

鶏は豚についでよく使われる中国料理では欠かすことのできない食材です

中国の一番だし、二番だし

中国の湯にも、日本料理の一番だし、二番だしにあたるクラス分けがあります。

一番だしと同じようにもっとも上等なだしを、「上湯《シャンタン》」や「頭湯《トウタン》」といいます。エキスがよく出ていて、深いコクと味わいがあります。濁らずに澄んでいるのも特徴です。フカヒレやアワビ、ツバメの巣のスープなどの高級料理には、必ずこのスープが使われます。

さらにエキスがよくでた最上級のだしには、別の名前がついています。地域によって呼び方が異なり、広東では「頂湯《ディントン》」、上海では「高湯《カオタン》」といいます。

一方、二番だしにあたるものが「二《アル》湯《タン》」です。これは上湯をとったあとのだしの素材の残りに水を加えて、もう一度煮詰めて煮出します。二湯は、調理の下煮の段階で使われたり、単独か上湯と合わせて麺類のスープに使ったりします。

中国料理の調理方法別・スープの名称

「湯」は調理方法ではなく、スープ全般を指す言葉です。調理方法には次のようなものがあります。中国料理のメニューで、これらの言葉を見かけたらスープに関する言葉だと分かるので、覚えておくとよいでしょう。

羹《ゴン》 あつもの、という意味で、たっぷりのスープで素材をさっと煮て、やや濃いめにとろみをつけます。

川《チュアン》 スープを沸かし、材料をさっと煮て作るか、ゆでて火を通した材料を器に入れて熱いスープを注ぎます。

燉《ドゥン》 長時間蒸して仕上げる蒸しスープ全般をさします。

煲《バオ》 土鍋にたっぷりのスープを入れて長時間コトコト煮る調理方。広東料理では、鶏肉、豚肉などの漢方の生薬を加え、日常的なスープとして親しまれています。

スープの種類が豊富な韓国料理

中国や日本と隣同士の国、韓国には、数千年の歴史とともに発展してきた食文化があります。

歴史的に、中国や日本と相互に影響しあっており、また近年の韓流ブームなどで、韓国料理もアジアやヨーロッパの国々から注目を集めています。
韓国には、さまざまな素材のだしからとった「スープ」の種類がたくさんあります。

例えば、煮干しと昆布だしをベースとした「プゴク（干しダラのスープ）」や「スンドゥブ（おぼろ豆腐やアサリの辛いスープ）」、牛肉と昆布だしをベースとした「ユッケジャン（牛肉入りスープ）」などがあります。鶏肉と昆布だしをベースとした「参鶏湯《サムゲタン》（丸鶏にもち米などを詰めて煮込んだスープ）」は日本でも人気のメニューです。

part 6

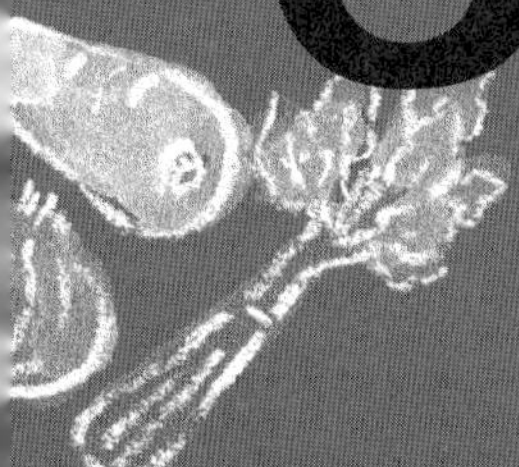

だしと栄養

だしを「おいしい」と感じるのはなぜでしょう。
うまみの秘密や、だしの栄養効果を知れば、
もっとだしが身近に感じられます。

「おいしさ」とは

私たちが食事をして「おいしい」と感じるのは、
なぜしょうか。そのわけは、
口中のしくみだけではなく、五感にもあるのです。

日本料理の基本は「五味・五色・五法」

道教をルーツとした中国の物事の根本を考える根本として「陰陽《いんよう》五《ご》行説《ぎょうせつ》」があります。古代中国の世界観を表したものですが、日本料理もこれにならって、「五」でくくる「五味・五色・五法」が基本となっています。

◎「五味」は、「甘い」「辛い」「酸っぱい」「しょっぱい」「苦い」。

◎「五色」は、「青い」「赤い」「黄色い」「白い」「黒い」。

◎「五法」は調理法のことで「生で食べる」「焼く」「蒸す」「揚げる」「煮る」。

これは日本料理の基本の方程式で、五味・五色・五法にのっとってバランスよく献立を考えれば、スムーズに何品もの料理を飽きずに食べられるのです。

また、人は食べ物を味わうときに、五感（視覚、嗅覚、触覚、聴覚、味覚）を使って、総合的に「おいしさ」を判断しています。食べ物のなかで、おいしさを決定するのにもっとも重要なのは、言うまでもなく味覚です。

味覚は、甘味、酸味、塩味、苦味、うまみ、脂肪味があります。これを「基本味」と呼びます（左頁図）。「五味」とは異なり、辛味（＝刺激）ではなく、うまみが入っているのがポイントです。

だしはうまみの宝庫。だしがおいしいと感じるのも納得です。

「おいしさ」を感じるしくみ

味を感じるのは、おもに舌です。

舌の表面には味を受けとめる器官「味蕾《みらい》」があり、私たちは、ここで甘味、酸味、塩味、苦味、うまみのそれぞれ物質を感じとっています。ひとつの味蕾のなかには、50～100の味覚を感じる細胞があり、センサーの役割になっているわけです。

日本人は微妙な味の違いがわかるなど言われますが、実は、日本人の味蕾の数は8500前後。これに比べて

食べ物のおいしさと基本味

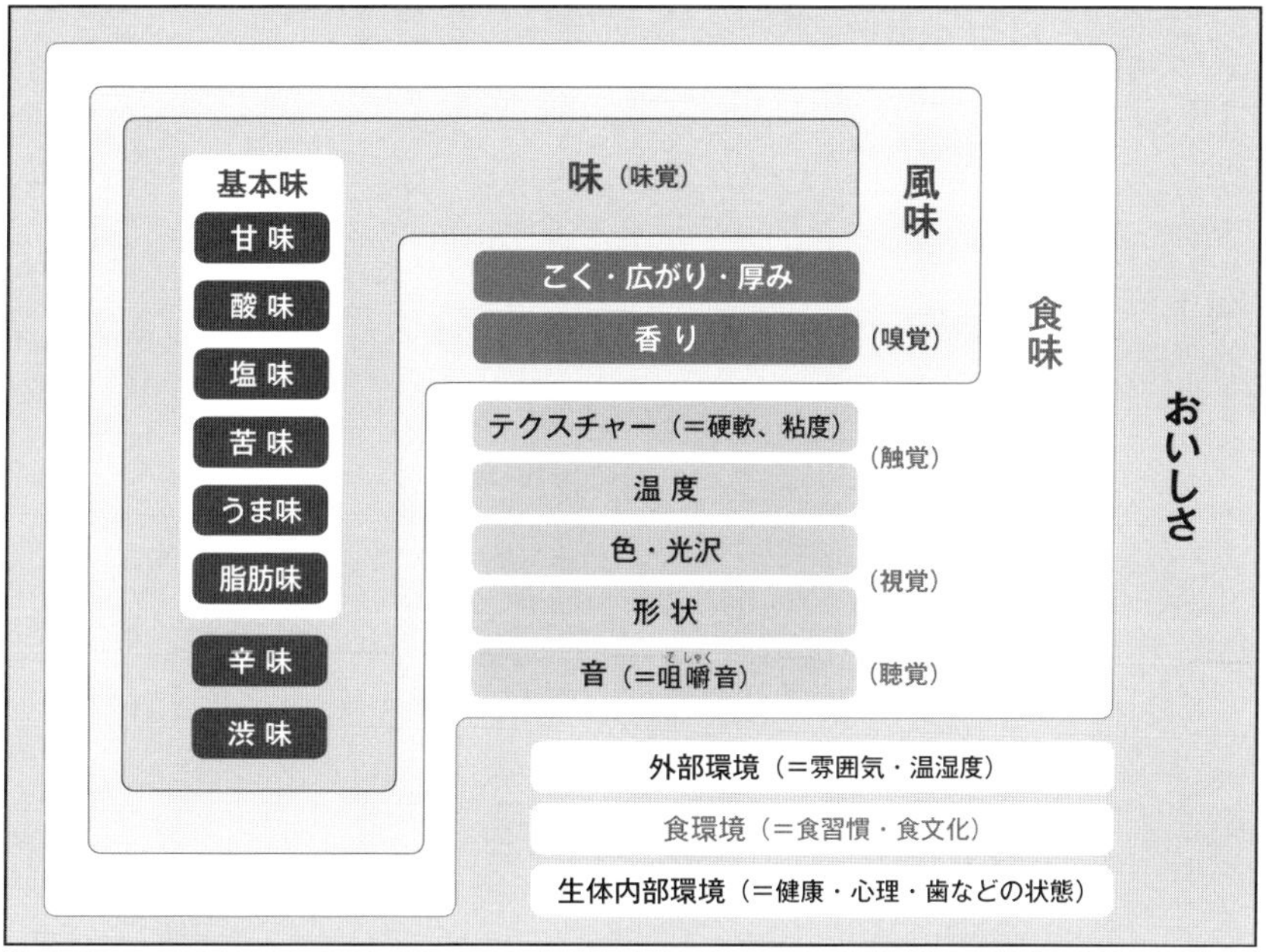

ヨーロッパ人は1万2000前後あるそうです。味蕾が多いほど、センサーは敏感ですので、微妙な味の違いを区別することができます。食文化のあまり発達していない環境で育つと、味蕾は6500ほどしかできません。

　味蕾はおもに舌にありますが、上あごやのどの入り口にも存在します。入れ歯をはめると味覚が半減するといいますが、これは上あごで感じる味が失われるからです。上あごは、甘味、酸味、塩味、苦味、うまみ、脂肪味のほかに、「硬い、やわらかい」がわかり、舌は「温かい、冷たい」という感覚もキャッチします。

　つまり、私たちは口中全体で「おいしさ」を感じているといえます。

　おもしろいことに、山椒《さんしょう》には味覚を数倍に引き上げる作用があり、食事の5分前に一粒の実山椒を口内にて歯で砕くと、味蕾を刺激して甘味、酸味、塩味、苦味、うまみ、そして脂肪味などの味覚が上がります。

うまみの方程式

だしをうまく組み合わせる「方程式」を知っていると、料理はもっともっとおいしくなります。

3つのうまみ成分とは?

うまみの成分は、主に3つあります。昆布や海苔、タマネギ、チーズなどに多く含まれるアミノ酸の一種「グルタミン酸」、肉や魚に含まれる「イノシン酸」、干しシイタケ、キノコ類に多い「グアニル酸」です。この3つの味を総称した呼び名が「うまみ」で、料理のおいしさを生む、大切な役割をしています。

日本人が昆布だしから「うまみ」を発見したことは前述しましたが（P86）、グルタミン酸だけでなく、かつお節のうまみ成分のイノシン酸、干しシイタケに多く含まれるグアニル酸がうまみであることを突きとめたのも、それぞれ日本人です。

日本に昔から伝わる「だし」があったからこそ、日本人の研究者はうまみを感じやすかったのかもしれません。

うまみの相乗効果で料理がおいしくなる

うまみ成分について、もう少し深く説明します。うまみは、グルタミン酸のようなアミノ酸系のうまみと、イノシン酸のような核酸系のうまみに大別されます。

かつお節のおもなうまみ成分のイノシン酸は、醤油とみりんを合わせてつゆにするとさらにおいしさを増しますが、これは醤油の中にグルタミン酸が含まれているからです。グルタミン酸とイノシン酸は、相乗効果のある組み合わせなのです。

同じように、かつお節と昆布のだしである一番だしや二番だしがおいしいのは、昆布のうまみがグルタミン酸だからです。

これに干しシイタケだしを加える場合もあります。干しシイタケに含まれるグアニル酸は、核酸系のうまみですが、さらに味わいが深くなっていきます。単体で味わうよりも飛躍的にうまみが強くなることが、科学的にわかっています。

西洋料理・中国料理のだしのうまみ

日本料理の一番だしと同様に、グルタミン酸とイノシン酸のうまみの相乗効果を使ったものが、西洋料理、中国料理にもあります。

西洋料理のフォンやブイヨンは、野菜だけを使ってとるだし「ブイヨン・ド・レギューム」（P64）を除いて、タマネギ、ニンジン、セロリなどの野菜と仔牛、鶏などの肉、魚類を組み合わせて作ります。野菜のグルタミン酸と肉・魚のイノシン酸のかけあわせによって、味わい深いフォンやブイヨンが作れるのです。

長ネギとショウガと鶏ガラ、豚骨で作る中国料理の「鶏ガラスープ」（P70）もこの「方程式」でおいしさを引き出しています。

このうまみの相乗効果は、あらゆる料理のベースに応用できますので、ぜひ覚えておいてください。

うまみの相乗効果

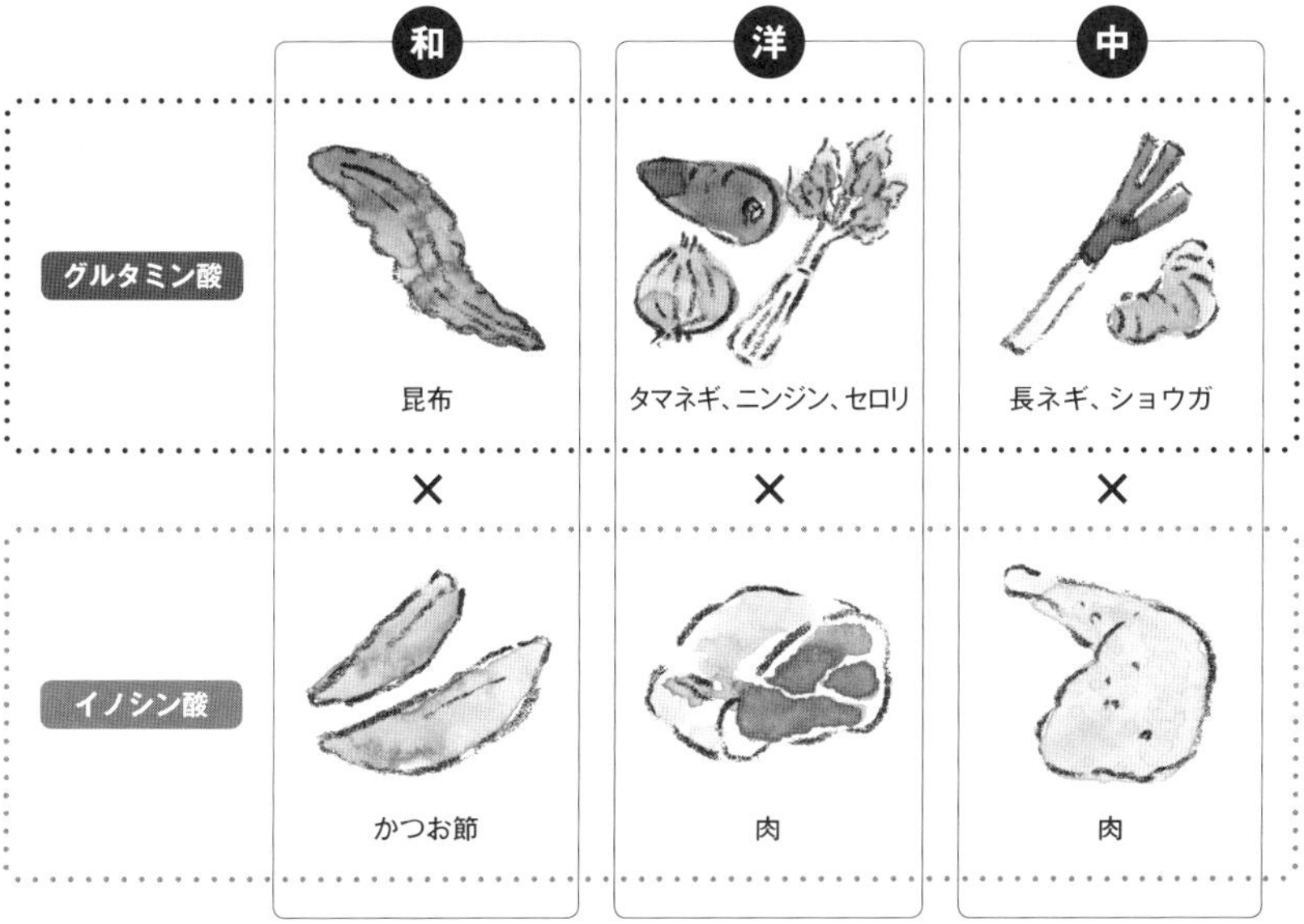
和
洋
中
グルタミン酸
昆布
タマネギ、ニンジン、セロリ
長ネギ、ショウガ
×
×
×
イノシン酸
かつお節
肉
肉

だしの栄養と健康

日本料理のだし素材には、私たちの体に必要な栄養素がたくさん含まれています。バランスの良い食事は「だし」から実現します。

だしは健やかな食生活の一歩

「だし」とは、素材のうまみを凝縮した煮だし汁のことです。料理がおいしく仕上がるかどうかは、だしが決め手となります。これは、日本料理に限ったことではなく、西洋料理でも、中国料理でも同じです。

料理においしいだしを使うことで、風味が脳を刺激して食欲を引き出し、脳内物質が免疫力を高めたり、消化管の機能がアップし消化吸収がよくなったりします。また、よいだしはそれだけでコクがあり、味に深みが出るため塩分が控えられます。塩分控えめの薄味（淡味）に慣れると、糖分も控えめになり、脂っ気のない料理を好むようになるのでカロリーのとりすぎも防げます。さらに薄味の料理は、舌を敏感にします。

つまり、だしをうまく使えば、食生活を改善し、心身ともに健やかに生きていくことができるのです。

ビタミンたっぷり、「海の野菜」昆布カルシウムの吸収を高める干しシイタケ

日本料理の代表的なだしの素材——昆布、かつお節、干しシイタケ、煮干しには、どのような栄養成分が含まれているのでしょうか。

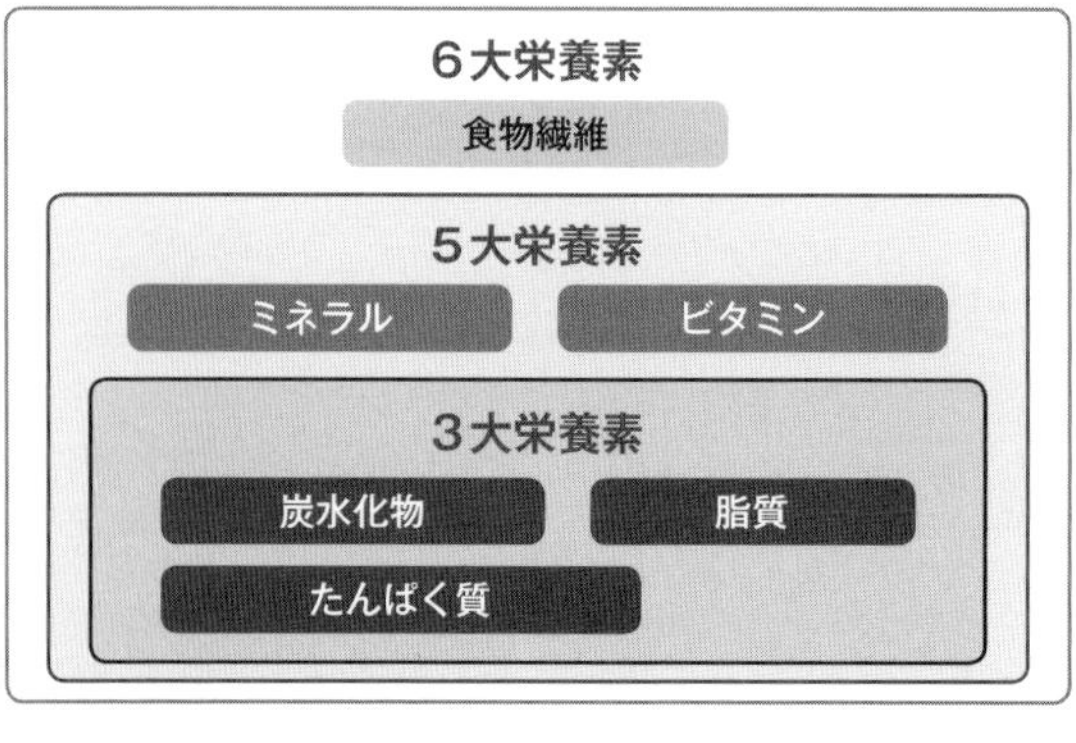

昆布の栄養成分

海の栄養を吸収して育つ昆布は、人間の体に必要なミネラルの宝庫です。ビタミン類も多く含んでいるため「海の野菜」とも呼ばれています。

ビタミンやミネラルは、たんぱく質、脂質、炭水化物（糖質）とともに、私たちの体になくてはならない栄養素です。骨や筋肉、皮ふ、臓器、血液など人の体のいろいろな部分をつくる「たんぱく質」、神経細胞やホルモンの原料となる「脂質」、脳や筋肉を動かすための速攻性のエネルギーとなる「炭水化物」を「3大栄養素」と呼びます。

これに対して「ビタミン」「ミネラル」は、血圧を正常に保ったり、筋肉の働きをよくしたりと体の調子を維持し、整える機能をもっています。3大栄養素にビタミン、ミネラルを加えたものを5大栄養素といいます。

昆布には、水に溶ける性質をもった食物繊維が多いため、食べ物の消化吸収を緩やかにし、血糖値が急に上がるのを抑えてくれます。食物繊維は「第6の栄養素」と呼ばれ注目を集めています。昆布を水につけておくと出てくる、ネバネバ、ヌルヌルしたものが、この食物繊維です。

干しシイタケの栄養成分

同じように、ビタミンが多いのが干しシイタケ。特にカルシウムの吸収力を高めるビタミンDを多く含んでいるのが特徴です。ビタミンDは、空気に触れると半減してしまうのですが、直射日光に当てるとまた増加します。なので、干しシイタケは食べる前に、再び天日干しするとよいでしょう。

シイタケと干しシイタケを100gあたりで比較すると、たんぱく質と鉄は約6倍、カルシウムは約3倍、ビタミンDは約9倍、食物繊維は約10倍に増えます。

また、干しシイタケの独特の香りの成分（レンチオニン）には、がん細胞の増殖をおさえる働きがあることがわかっています。

●シイタケの一般成分

	乾しいたけ	生しいたけ
エネルギー	182kcal	18kcal
一般成分		
水分		
たんぱく質	19.3g	3g
脂質	3.7g	0.4g
炭水化物	63.4g	4.9g
ミネラル［無機質］		
カルシウム	10mg	3mg
マグネシウム	110mg	14mg
リン		
鉄	1.7mg	0.3mg
ナトリウム		
カリウム		
ビタミン		
ビタミンB1		
ビタミンB2	1.4mg	0.19mg
ナイアシン		
ビタミンD	17μg	2μg
コレステロール	0mg	0mg
食物繊維	41g	3.5g

食べ物からしか取れない９つのアミノ酸
（必須アミノ酸）

イソロイシン　ロイシン　リジン　メチオニン　スレオニン
フェニルアラニン　トリプトファン　バリン　ヒスチジン

↓

かつお節にはすべてが含まれている！
たんぱく質の「宝庫」

良質なたんぱく質の宝庫、かつお節・煮干しのカルシウムで骨を強くする

一方、かつお節、煮干しの原材料は、魚。人の体に欠かせないたんぱく質や脂質を多く含んでいます。

かつお節の栄養成分

かつお節のうまみの成分のイノシン酸は、細胞を活性化させる栄養素のため、体内にとりこむことで新陳代謝が活発になり、美肌効果なども期待されます。ほかにも、私たちが食べ物からしかとれない9つのアミノ酸（必須アミノ酸）をすべてバランスよく含んでおり、「たんぱく質の宝庫」として知られています。

煮干しの栄養成分

煮干しといえば、カルシウムというイメージをもつ人も多いかもしれません。カルシウムは、「ミネラル」の一つで、骨や歯をつくる働きがあります。ほかにも、血液や筋肉、神経内にもカルシウムはあり、筋肉の収縮や心臓の動きを調節する役割を担っています。

カルシウムを多く含む食品を調べてみると、上位に煮干しやその仲間がランキングされます。

また、煮干しのおもな原材料のカタクチイワシなど背の青い魚は、油の中にDHA（ドコサヘキサエン酸）、EPA（エイコサペンタエン酸）という脂肪酸を多く含んでいます。これらは、血液中の中性脂肪を低下させ血栓を予防したり、脳の働きを助けたりする作用があります。

幸福と一日の活力を与えてくれるだし

もちろん、健康は一つの食品、栄養素から成り立つものではありません。バランスの良い食事と適度な運動、良質な睡眠によって、健やかな体を手に入れることができるのです。

2013年12月に「和食、日本人の伝統的な食文化」がユネスコ無形文化遺産に登録されました。いま、和食は、おいしく健康的な食事として、世界中でブームとなっています。和食のベースにあるのは、いわずと知れた「だし」です。これからの時代は、改めてあらゆる料理の味つけの要である、だしに対する注目が集まるでしょう。だしにこだわることで、私たちの食生活は一層豊かで健やかになるに違いありません。

そんな健やかな体と心を保つために、だし生活を始めてみませんか。

●カルシウムを多く含む食品

順位	食品名	成分量（100gあたりmg）
1	魚介類／（えび類）／加工品／干しえび	7100
2	魚介類／（かに類）／加工品／がん漬け	4000
3	魚介類／（魚類）／とびうお／焼き干し	3200
4	調味料及び香辛料類／バジル／粉	2800
5	魚介類／（いわし類）／かたくちいわし／田作り	2500
6	調味料及び香辛料類／ベーキングパウダー	2400
7	魚介類／（いわし類）／かたくちいわし／煮干し	2200
8	魚介類／（えび類）／さくらえび／素干し	2000
9	魚介類／（えび類）／加工品／つくだ煮	1800
10	調味料及び香辛料類／タイム／粉	1700
10	種実類／けし／乾	1700

出典：「日本食品標準成分表 2015年版（七訂）」

おわりに

高齢化社会と言われて久しいですが、近年では「平均寿命」よりも、病気などで寝たきりでなく、老いても足腰や脳がしゃっきりとしていて、自力で毎日を過ごすことのできる「健康寿命」に注目が集まっています。年をとっても若々しく、元気でありたいというのは誰もが望むことでしょう。

おいしいものを味わうと、その喜びが脳を刺激し、私たちを健康に導いてくれる脳内物質がどんどん分泌されます。逆に、いくら栄養管理がきちんとなされた献立でも、味がおいしくない、楽しくない食事では、健やかな体と心を保つことができません。

こうした意味で、これからの時代は、世界中の料理のベースである「だし」が、ますます重要なものになるに違いありません。経験に基づく技法だけでなく、だしに対する科学的なアプローチや、よいだしの素材が育つための環境づくりも考えていかなければなりません。

本書が、「だし」について考えるきっかけとなり、みなさんの食卓が、おいしいだしと料理で彩られることを願っています。

●参考文献

『味わい深きダシを求めて』服部幸應著／KKベストセラーズ

『世界の四大料理基本辞典』服部幸應著／東京堂出版

『基礎と献立 日本料理編』『基礎と献立 フランス料理編』『基礎と献立 中国料理編』
／学校法人服部学園 服部栄養専門学校

『総合調理用語辞典』社団法人全国調理師養成施設協会

『月刊食生活 だし』／カザン

『だし検定 公式テキスト』（一社）だしソムリエ協会、鵜飼真妃監修／実業之日本社

『だしソムリエ１級講座』『だしソムリエ２級講座』『だしソムリエ３級講座』
／だしソムリエ協会

『The だし』鵜飼真妃監修／日本文芸社

『だしのいろは』本田祥子著／宝島社

『だしの教科書』本田祥子監修／宝島社

『だしの便利帖』LDK特別編集／晋遊社

『クロワッサン特別編集 だしの本』／マガジンハウス

『47都道府県・伝統食百科』成瀬宇平著／丸善

『世界一やさしい！　栄養素図鑑』牧野直子監修／新星出版社

●参考サイト

和田久
http://www.wadaq.co.jp/

東昆
http://tohkonn.com/

うま味インフォメーションセンター
http://www.umamiinfo.jp/

日本産・原木しいたけをすすめる会
http://j-shiitake.com/wp/

にんべん　かつお節塾
http://www.ninben.co.jp/katsuo/

●協力団体

一般社団法人だしソムリエ協会

さくいん

監修者

服部栄養専門学校 （はっとりえいようせんもんがっこう）

1939年開校。「食」を通して"世の中に必要とされる人"を育くむ学校。安全・安心・健康を考え、しつけやマナー、環境問題などに幅広く対応できるよう『食育』に基づき、カリキュラムを組んでいる。「調理のできる栄養士」を目指す栄養士科、世界を視野に入れ"総合力と実践力のある調理師"を育成する。

服部幸應 （はっとり ゆきお）

1945年、東京都生まれ。立教大学卒。昭和大学医学部博士課程学位取得。フランスよりレジオン・ドヌール勲章を受章するなど、国内はもとより国際的にも活躍。テレビ『料理の鉄人』での銘解説は、家庭に本格料理を浸透させる原動力となった。食育や料理を通じての地球環境の保護などにも精力的に取り組む。

装丁：山口真里 (SPAIS)

アートディレクション：熊谷昭典 (SPAIS)

ブックデザイン：宇江喜桜 (SPAIS)　大木真奈美

イラスト：ホリナルミ

撮影：山崎ゆり

フードスタイリング：いとうゆみこ

編集：本間朋子 (Let It Be)

執筆：佐々木恵美　本間朋子 (Let It Be)

服部幸應の　知っておいしいだし事典
（はっとりゆきお）（し）（じてん）

2017年11月15日　初版第1刷発行

監　修　服部栄養専門学校
発行者　岩野裕一
発行所　株式会社実業之日本社
　　　　〒153-0044　東京都目黒区大橋1-5-1 クロスエアタワー8階
　　　　電話（編集）03-6809-0452　（販売）03-6809-0495
　　　　http://www.j-n.co.jp/

印刷・製本　大日本印刷株式会社

©Hattori Yukio 2017 Printed in Japan
ISBN978-4-408-00898-1（第一趣味）

本書の一部あるいは全部を無断で複写・複製（コピー・スキャン・デジタル化等）・転載することは、
法律で定められた場合を除き、禁じられています。

また、購入者以外の第三者による本書のいかなる電子複製も一切認められておりません。

落丁・乱丁（ページ順序の間違いや抜け落ち）の場合は、
ご面倒でも購入された書店名を明記して、小社販売部あてにお送りください。

送料小社負担でお取り替えいたします。

ただし、古書店等で購入したものについてはお取り替えできません。

定価はカバーに表示してあります。

小社のプライバシー・ポリシー（個人情報の取扱い）は上記ホームページをご覧ください。